吕贝尔马克思学研究

吴敏燕 —— 著

中央编译出版社
Central Compilation & Translation Press

图书在版编目（CIP）数据

吕贝尔马克思学研究 / 吴敏燕著. —北京：
中央编译出版社，2020.7
ISBN 978-7-5117-3185-2

Ⅰ.①吕…　Ⅱ.①吴…　Ⅲ.①西方马克思主义-研究
Ⅳ.①B089.1

中国版本图书馆 CIP 数据核字（2020）第 108642 号

吕贝尔马克思学研究

出　版　人：	葛海彦
出版统筹：	贾宇琰
责任编辑：	李易明
责任印制：	刘　慧
出版发行：	中央编译出版社
地　　　址：	北京西城区车公庄大街乙 5 号鸿儒大厦 B 座（100044）
电　　　话：	（010）52612345（总编室）　（010）52612352（编辑室）
	（010）52612316（发行部）　（010）52612346（馆配部）
传　　　真：	（010）66515838
经　　　销：	全国新华书店
印　　　刷：	北京中兴印刷有限公司
开　　　本：	710 毫米×1000 毫米　1/16
字　　　数：	210 千字
印　　　张：	13.5
版　　　次：	2020 年 7 月第 1 版
印　　　次：	2020 年 7 月第 1 次印刷
定　　　价：	68.00 元

网　　址：www.cctphome.com　　邮　　箱：cctp@cctphome.com
新浪微博：@中央编译出版社　　微　　信：中央编译出版社（ID：cctphome）
淘宝店铺：中央编译出版社直销店（http://shop108367160.taobao.com）
　　　　　　　　　　　　　　　　　　　　　　　　　　　　（010）55626985

本社常年法律顾问：北京市吴栾赵阎律师事务所律师　　闫军　梁勤
凡有印装质量问题，本社负责调换。电话：（010）55626985

前　言

21世纪以来，马克思学研究形成一股新思潮。吕贝尔作为西方马克思学的创始人和主要代表，在马克思学历史进程中有极为重要和独特的历史地位。长期以来，关于吕贝尔马克思学，国外学界研究存在两种对立观点，西方马克思学家大都赞同吕贝尔的研究，苏联及东欧学者基本将其认为是资产阶级的意识形态。过去受苏联的影响，国内学界早期对吕贝尔的马克思学采取简单否定的大批判，后来批判的同时开始反思。目前，国内的相关研究成果极为有限，专门研究甚微，总体上趋于认同其文献学贡献，但未见更多具体文本的详尽研究，至于其思想观点以及许多重要问题更鲜有研究涉及。本书在综合国内外研究成果、掌握新资料的基础上，努力追寻一种新方法，即对吕贝尔马克思学采取"一分为二、具体分析"的方法，把它分为"文献学研究"和"基本理论观点"两个层面。对于其文献学研究的学术成果，充分肯定，努力借鉴；对于其提出的基本理论观点，则并不盲从，注意分析批判，有所扬弃。与这种新方法相应，本书分为上下两篇结构，上篇主讲吕贝尔马克思学的文献学研究成果，下篇具体分析吕贝尔马克思学的基本理论观点。

上篇分五章阐述吕贝尔马克思学文献研究两大成果：第一章介绍了马克思著作目录学编辑的缘由、内容、方式及历史评价。在当时西方极其缺乏马克思研究资料的背景下，吕贝尔第一个以比较周全的编排体系编制出版了较完备的马克思著作书目，具有一定的开创之功。第二、三、四、五章介绍了马克思著作集四卷本的编辑动因、特点以及文本体系概况、内容和评析，展现了马克思经济学、哲学和政治学文本的体系和内容，从中判断出吕贝尔的贡献与局限。

下篇分五章论述剖析吕贝尔马克思学思想观点的五个方面：第六章反映了吕贝尔强调的马克思思想来源的多方位、多角度的观点，在这个问题上，吕贝尔主要论述了圣西门学说、英国政治经济学说和黑格尔学说对马克思的影响，问题是对马克思理论独创性认识不足。他注意到马克思历史发展观、异化观和辩证法思想与黑格尔哲学的渊源关系，但一些反黑格尔的看法有失偏颇。第七章反映了吕贝尔提出的1843年马克思离开黑格尔哲学，向政治经济学方向转移，开始了政治经济学的批判研究的有关论述。吕贝尔从马克思思想发展历程的大体趋势看，这有合理的因素，但他没有注意到马克思思想中哲学、政治经济学难以完全独立分开。第八章反映了吕贝尔正确强调了马克思"六册计划"创作构想一以贯之的连续性的深刻独特之处。但是，吕贝尔没有发现前后时期的马克思思想观点的一些改变，否认《资本论》创作思想的发展变化，削弱了马克思的理论深度，还是有很大局限性的。第九章反映了吕贝尔提出的斯宾诺莎民主观是马克思政治哲学的重要理论来源，马克思民主观的连续性，把马克思共产主义解释为人本主义，但未充分考虑马克思民主观与时代社会大环境民主气氛紧密相关性，自由主义民主观念与共产主义民主观念如何相融合，人道社会主义向科学共产主义的根本转变，因而存在重大缺憾。第十章反映了吕贝尔从空想社会主义、巴黎公社和市场经济角度，提出了马克思社会主义观问题有深层意义的观点。但吕贝尔把马克思社会主义本质说成是乌托邦、否定市场经济，还认为巴黎公社不能成为社会主义的基础等基本观点，则是根本错误的。

吕贝尔马克思学的文献贡献和课论探索对当前马克思主义研究具有重要的启示意义。通过深入研究思考吕贝尔马克思学，可以回应目前学界的一些挑战性问题，譬如马克思学的理解问题、"马克思恩格斯对立论"的方法论理解问题、马克思文本研究方法的理解问题等，有助于深化马克思主义的研究。

目 录

导　论 ··· 1
　一、国内外关于吕贝尔马克思学研究概况 ························· 3
　二、研究吕贝尔马克思学的缘由及意义 ···························· 21
　三、研究吕贝尔马克思学的新方法与新思路 ······················ 25

吕贝尔马克思学文献篇

第一章　吕贝尔的马克思著作目录学 ······················· 33
　一、目录编辑的历史缘由 ··· 34
　二、目录编辑的内容和方式方法 ···································· 36
　三、目录编辑的历史评价 ··· 40

第二章　吕贝尔编辑的马克思著作集四卷本 …… 46
　　一、著作集的编辑动因 …… 47
　　二、著作集的编辑特点 …… 50

第三章　吕贝尔编辑的马克思著作经济学卷文本体系评析 …… 58
　　一、经济学卷文本体系概况 …… 60
　　二、吕贝尔的贡献与局限 …… 63

第四章　吕贝尔编辑的马克思著作哲学卷文本体系评析 …… 78
　　一、哲学卷文本体系概况 …… 79
　　二、吕贝尔的贡献与局限 …… 82

第五章　吕贝尔编辑的马克思著作政治学卷文本内容评析 …… 86
　　一、政治学卷文本内容概况 …… 87
　　二、吕贝尔的贡献与局限 …… 91

吕贝尔马克思学思想篇

第六章　吕贝尔论马克思思想的理论来源 …… 101
　　一、法国圣西门学说的影响 …… 103
　　二、英国政治经济学说的影响 …… 105
　　三、德国黑格尔学说的影响 …… 109

第七章　吕贝尔论马克思思想的发展轨迹 ………… 125
　一、从哲学走向政治经济学 ………… 127
　二、政治经济学批判的开始 ………… 131

第八章　吕贝尔论马克思"经济学"创作构想 ………… 138
　一、"经济学"六册计划创作结构形成过程 ………… 139
　二、"经济学"六册计划创作结构并未发生重大变化 … 142
　三、《资本论》创作思想"变与不变"的二重性 …… 148

第九章　吕贝尔论马克思民主观 ………… 152
　一、马克思民主思想的理论来源 ………… 155
　二、马克思民主思想发展进程特点 ………… 157
　三、马克思民主思想的理想愿景 ………… 159
　四、吕贝尔的马克思民主观评析 ………… 162

第十章　吕贝尔的马克思社会主义观之评析 ………… 166
　一、吕贝尔的马克思社会主义观之批判（一） ……… 167
　二、吕贝尔的马克思社会主义观之批判（二） ……… 172
　三、吕贝尔的马克思社会主义观之批判（三） ……… 176

结　语 …………………………………………………… 180
参考文献 ………………………………………………… 186
附录一 …………………………………………………… 195
附录二 …………………………………………………… 198

导　论

马克西米里安·吕贝尔①（Maximilien Rubel），法国著名马克思学家，西方马克思学的创始人、主要代表。吕贝尔马克思学，不仅在西方马克思学界拥有相当广泛的影响，而且在国际范围内也成为不可忽视的一家之言。那么，吕贝尔马克思学研究情况如何？学界又是如何看待和评价的呢？国内外学界总体上趋向于认同吕贝尔在编辑马克思目录学、著作集等工具书

---

① 关于 Maximilien Rubel 的译法，学界至少有三种：一是早期学界按 Rubel 的英文译法"鲁贝尔"，法文人名译成英文，这显然不大合适，后来学界也很少采用；二是学界最常见的译法"马克西米里安·吕贝尔"，本书沿袭这种通用译法，依据新华通讯社译名室编《法语姓名译名手册》（商务印书馆 1996 年版）；三是近年来学界有译为"马科斯米里安·吕贝尔"，如《吕贝尔马克思学文集》（上），曾枝盛编选，郑吉伟、曾枝盛等译，北京师范大学出版社 2009 年版。

方面所作的搜集编译、历史考证和注释说明等功劳与作用，但是对于他的学术观点，存在着赞成与反对双重声音。国外大部分学者赞同吕贝尔关于马克思反对马克思主义、马克思恩格斯对立的观点，但也有学者持相反意见，认为"在马克思作品中并没有发现马克思反对恩格斯的重大观点，马克思与恩格斯能被归于共同创立马克思主义"[①]。国内学界目前比较流行的看法也有两种：一种是自20世纪80年代开始译介、引入吕贝尔马克思学以来，学界就对吕贝尔马克思学几乎持完全否定的态度，认为"吕贝尔的立场观点完全是资产阶级的、反马克思主义的"[②]；另一种是在21世纪的今天，学界对待吕贝尔马克思学的态度逐渐发生新的变化，一些学者开始反思吕贝尔马克思学的某些观点存在值得肯定的价值。实际上，上述国内学界正反两种看法就某一层面上来说，都具有其合理性，而要更客观具体准确地评价吕贝尔马克思学，需要在全面详尽研究吕贝尔马克思学基础上进行。本导论首先就国内学界对吕贝尔马克思学研究的历史发展过程和问题进行脉络梳理与反思，然后对国外学界和吕贝尔本人对其马克思学的研究作介绍和分析，以期对吕贝尔马克思学研究的重大意义和未来走向作些初步思考与展望。

---

① Author(s) of Review: Curtis Stokes. "Reviewed Work(s): Rubel on Karl Marx: Five Essays by Joseph O'Malley, Keith Algozin." *The American Political Science Review*, Vol. 77, No. 4 (Dec., 1983), p.1119.

② 杜章智：《一个反马克思主义的"马克思学家"——马·吕贝尔》，载《马列主义研究资料》，1982年第5辑。

导 论

一、国内外关于吕贝尔马克思学研究概况

早在20世纪60、70年代,我国学界就对吕贝尔马克思学已有关注,但主要始于80年代。根据国内学界研究吕贝尔马克思学的方式和特点,分20世纪80年代、90年代和21世纪三个阶段进行概述。

(一) 20世纪80年代:初步译介批判

20世纪80年代初,吕贝尔马克思学开始被引入国内并得到初步介绍性的研究。学界此时期研究的方式和特点是着重文献资料的译介,主要载于各种内部参考资料上,形成一些初步批判性的观点与评价。

1. 介绍吕贝尔研究马克思学的总体情况

1982年,杜章智的两篇文章[①]对吕贝尔研究马克思学的缘由、研究的基本指导思想与方法、所进行的主要研究活动及取得的成果这一总体情况作了详细的介绍,为学界后来进一步研究吕贝尔马克思学提供了背景材料。

---

① 杜章智:《一个反马克思主义的"马克思学家"——马·吕贝尔》,载《马列主义研究资料》,1982年第5辑;杜章智:《M.吕贝尔和他的"马克思学"》,载《国外社会科学动态》,1982年第9期。

首先，吕贝尔研究马克思学缘起于历史背景条件下对马克思研究现状的不满。1941年，吕贝尔在德国法西斯占领法国时的地下抵抗运动中与一群法国的马克思主义者有接触，看到他们虽然都声称信奉马克思主义，拥护"科学"社会主义，然而对马克思的解释却大相径庭，思想非常混乱。于是，他萌生了对马克思主义文献，特别是马克思本人的作品进行独立研究的念头。几年研究后，他得出一个完全相反的结论：马克思主义实际上同马克思的基本教导关系甚微，马克思的为人和著作完全被神秘化了。因此，他认为必须建立一个与马克思主义迥然不同的新学科，即"马克思学"，以求对马克思思想的起源和发展进行"深入的、不带成见的独立研究"。

其次，吕贝尔马克思学研究的基本指导思想与方法是超越意识形态界限和学科界限。吕贝尔认为，马克思的思想是在人类自我解放历史的漫长启蒙过程中产生出来的，曾受到当时德国的诸多思想家和法国的空想社会主义者的思想影响，对一切都仔细加以审察和改造，从来不抱意识形态的偏见或存有学科的局限性。他认为自己的"马克思学"是不受任何意识形态影响的，是完全独立的，在各种马克思主义流派或各种政治倾向之间不作截然的区分。吕贝尔还把"马克思学"看作是克服学术或学科局限性、把人类知识融于一体的园地。

再次，吕贝尔马克思学的主要学术研究活动及其成果有四大方面：其一，1956、1957年发表了奠定其在马克思研究地位的两部著作,即《卡尔·马克思的思想传略》和《卡尔·马克思的著作目录》。当时西方研究马克思的学者把这两部书,尤其是著作目录,作为他们进行研究的重要工具。其二,1959年创办主编《马克思学研究》丛刊,该刊在西方马克思学研究领域中具有重大的影响。其三,编辑出版马克思文集。吕贝尔声称要编辑出版"能反映出马克思本来面目的马克思文集"。其四,著述十分丰硕,学术活动也十分活跃。

2. 译介吕贝尔关于马克思主义、马克思、恩格斯三者相互关系问题的研究

1984、1986年,学界分别摘译了吕贝尔的两篇文章《卡尔·马克思》和《恩格斯是马克思主义的创始人》,详细介绍了吕贝尔关于马克思恩格斯与马克思主义、马克思与恩格斯二组关系问题的研究。

吕贝尔指出,"马克思主义不是马克思的思想方式的独特产物,而是由恩格斯的脑袋构想出来的。如果说'马克思主义'这个名词包含有一种理论上可以理解的内容的话,那么责任不在马克思,而在恩格斯。"① 马克思曾不止一次地宣称:"我只知道我自己不是马克思主义者。"② "'马克思主义'在今天已变成为一个至多是令人迷惑的口号,其实从一开始起,它

---

① [法]M.吕贝尔:《恩格斯是马克思主义的创始人》,莫立知译,载《马列主义研究资料》,1986年第1—2辑合刊。
② 《马克思恩格斯全集》第22卷,人民出版社1965年版,第81页;《马克思恩格斯全集》第37卷,人民出版社1971年版,第432、446页。

就打上了蒙昧主义的印记。"① "马克思主义的每一种形式,不管是名曰'真'的还是'假'的,都是根据一种思想体系或是根据一种马克思主义哲学来论证其合法性,都势必要全部伪造马克思的基本意图。"②

马克思恩格斯与马克思主义关系问题促使吕贝尔进一步去考察之间的思想关系问题。吕贝尔认为马克思和恩格斯两人都被人为地归在"马克思主义"标签下的一堆政治和意识形态概念的"创始人",应看到二者相反的倾向:一方面,马克思不可能无批判地接受恩格斯写的许多东西,然而,由于尊重友谊的关系,马克思自始至终保持沉默;另一方面,恩格斯在整理出版马克思的著作时采取了轻率的态度,忽略了大量的马克思著作。他进一步认为,要研究解决马克思和恩格斯的关系问题,就要"摆脱关于'创立'的传奇说法",应"把马克思主义概念不确定作为我们方法论的出发点"③,否则就会遭到失败。

另外,20世纪80年代,学界还初步介绍评析了吕贝尔马克思学研究方面的一些主要问题和观点,例如:吕贝尔首创"马克思学"名称及概念,《资本论》结构形成的研究,无产

---

① [法]M.吕贝尔:《恩格斯是马克思主义的创始人》,莫立知译,载《马列主义研究资料》,1986年第1—2辑合刊,第280页。

② [法]M.吕贝尔:《卡尔·马克思》,易克信译,载《马列主义研究资料》,1984年第4辑,第221页。

③ [法]M.吕贝尔:《恩格斯是马克思主义的创始人》,莫立知译,载《马列主义研究资料》,1986年第1—2辑合刊,第279页。

阶级革命学说起源于伦理学、发展过程具有矛盾性，贬低恩格斯修订《资本论》①及参与唯物史观制定②的贡献等。80年代所持有的这些问题和观点，要么在90年代得到学界的进一步研究与批判，要么在21世纪得到进一步研究与反思。因此可以说，80年代学界对吕贝尔马克思学的初步介绍型的研究为后续研究埋下了伏笔、作了铺垫。

总的来说，20世纪80年代，学界对吕贝尔马克思学进行译介批判的总体倾向是：吕贝尔在所有著作中严重歪曲了马克思的形象，把马克思从我们所熟悉的科学社会主义思想体系的创始人、无产阶级革命的领袖和导师变成了一个普通学者、空想主义者和无政府主义者。③

（二）20世纪90年代：大力批判

20世纪90年代以来，随着苏东剧变，学界关于吕贝尔马克思学的研究出现了新特点，形式表现为一些著作中有专门章

---

① 参见［法］吕贝尔：《恩格斯是〈资本论〉的校订人》，夏伯铭译，魏寿山校，载《国外社会科学文摘》，1983年第2期。

② 参见余其铨：《评西方学者对恩格斯哲学思想的批评》，载《内蒙古社会科学（汉文版）》，1987年第3期。

③ 杜章智：《一个反马克思主义的"马克思学家"——马·吕贝尔》，载《马列主义研究资料》，1982年第5辑。

节①论述吕贝尔马克思学,内容上表现为对其观点加强了批判的力度。

1. 对吕贝尔关于马克思主义、马克思、恩格斯三者相互关系问题研究的批判

1995年,曾枝盛在两篇文章②中,对80年代学界译介的有关吕贝尔"马克思反对马克思主义、恩格斯制造了马克思主义,马克思反对恩格斯思想、恩格斯晚年背离马克思"的观点进行了集中的反驳批判。

反驳之一:吕贝尔引用马克思本人所说的话并不能说明马克思反对马克思主义、马克思主义存在的"不合法性"。原因是吕贝尔并没弄清楚马克思说那句话的历史背景和真正含义,没有把它与恩格斯后来所宣传的马克思主义理论作区别:当时法国工人运动内部的各派别,对"马克思主义"这个词的使用比较混乱,没有真正领会马克思的革命思想,马克思多次声明"我自己不是马克思主义者",是表明自己与法国工人运动中那些自称为马克思主义者的机会主义派别无关,不是吕贝尔所说的马克思本人否定马克思主义思想理论;

---

① 比如孙伯鍨、曹幼华等:《西方"马克思学"》一书第三章第一节"法国学者吕贝尔"(江苏人民出版社1992年版);黄楠森等主编:《马克思主义哲学史》第八卷第五章第九节"吕贝尔与'马克思学'"(北京出版社1996年版)。

② 曾枝盛:《"神话"的神话——吕贝尔"反恩格斯提纲"批判》,载《马克思主义来源研究论丛》,第18辑;曾枝盛:《用马克思反对马克思主义——评所谓马克思恩格斯"对立"论》,载《真理的追求》,1995年第10期。

马克思当时所厌恶的法国"马克思主义者"的理论，与恩格斯后来所宣传的"同马克思的名字联系在一起的"理论即自19世纪中叶以来人们称之为马克思主义的理论是有本质上区别的。

反驳之二：吕贝尔关于恩格斯制造了马克思主义，是完全置历史事实不顾。马克思主义这种伟大学说，是在一定历史阶段的"物质的经济的事实"和思想材料的基础上产生的，是时代的必然历史产物，不可能由某个人在某个时刻制造出来；马克思主义的理论是马克思、恩格斯两人毕生共同努力的思想结晶，《神圣家族》《共产党宣言》和《反杜林论》等反映马克思主义思想精华的名篇，都是他们共同合作的果实。

反驳之三：吕贝尔关于马克思反对恩格斯思想、恩格斯晚年背离马克思，完全是捏造事实。曾枝盛列举文献事实佐证马克思不存在反对恩格斯的思想，反而，马克思受到恩格斯某些思想的启发，譬如：在其中一本《巴黎笔记》中，马克思认真摘录了恩格斯发表于《德法年鉴》上的《国民经济学批判大纲》中的基本观点，马克思正是受恩格斯这篇文章的启发之后，才从"哲学的批判"转入对"实践的批判"，即从纯哲学的批判转入政治经济学方面的批判研究，这一转变的第一个研究成果就是《1844年经济学哲学手稿》。恩格斯晚年并没有背离马克思，不像吕贝尔所说的无视马克思早期著作，如他于1888年出版《路德维希·费尔巴哈和德国古典哲学的终结》单行本时，把马克思1845年写的《关于费尔巴哈的提纲》这部"包含着新世界观的天才萌芽的第一个文件",作为附录第一次公开发表出来。

2. 对吕贝尔指责恩格斯"经济决定论者"的批判

任瞳在一文①中指出,吕贝尔曾一再声称,马克思的革命历史学说被恩格斯变成了由经济对构和阶级对抗所决定的自动历史进程,指责恩格斯是"经济决定论"者。他对吕贝尔的这一观点进行了反驳批判,认为恩格斯不是"经济决定论者",而是辩证决定论者,原因是:19世纪40年代,马克思和恩格斯在创立唯物史观的过程中,由于批驳唯心史观的需要,比较侧重强调经济对社会发展的决定作用,但恩格斯在晚年意识到了这一点,提出了著名的"合力"理论,"合力"论深刻揭示了社会历史过程中主观性与客观性、必然性与偶然性的辩证统一,体现了历史唯物论和历史辩证法的高度统一。

3. 对吕贝尔关于无产阶级革命和无产阶级政党的学说的批判

吕贝尔宣称:"马克思所论证的无产阶级的历史使命既不是经济学的概念,也不是社会学的概念,而是一种伦理学的概

---

① 任瞳:《论恩格斯晚年对社会历史理论的新探索——兼驳"马恩对立论"》,载《江淮论坛》,1995年第6期。

念。"① "马克思是通过伦理的使命而达到无产阶级运动的。他不是通过长期的研究而把握了社会主义革命的物质的、历史的条件和可能性之后才'科学地'达到社会主义的。"② 90 年代学界对此观点作了批判，认为：科学社会主义和无产阶级革命学说的诞生，不仅经历了它的创始人从理想王国到现实世界，从道德批判到科学分析，从理论到实践的一系列重大的世界观和方法论的转变，更为重要的是还需要把他们的理论和无产阶级的现实斗争结合起来，使理论得到实践的验证，并获得不断的丰富、修正和完善。③ 马克思和恩格斯的思想历程和实践活动，有力地证明了吕贝尔关于无产阶级革命学说起源于伦理学的观点是经不起实践检验的。

对于无产阶级和共产党之间的关系，吕贝尔分析说："工人们，当他们自己构成了一个阶级和一个党的时候，就无须利用他们天生的理解力来重申：他们绝没有理由要把他们的历史创造性，移交给声称体现革命意识和所谓历史辩证法的、把革命伦理学问题降低为政治战略战术问题的先锋队。"④ 在吕贝

---

① 参见易克信：《西方马克思学家若干言论剖析——他们是怎样看待无产阶级革命学说的》，载《国外社会科学》，1981 年第 3 期。

② 转引自［苏］泰·伊·奥伊则尔曼：《马克思的〈经济学—哲学手稿〉及其解释》，刘丕坤译，人民出版社 1981 年版，第 120—121 页。

③ 孙伯鍨、曹幼华等：《西方"马克思学"》，江苏人民出版社 1992 年版，第 220 页。

④ 转引自孙伯鍨、曹幼华等：《西方"马克思学"》，江苏人民出版社 1992 年版，第 240 页。

尔看来，对于无产阶级革命来说，共产党作为一种政治组织形式是多余的，无产阶级本身就是政党，这是对《共产党宣言》"无产者组织成为阶级，从而组织成为政党"这句话的正确解释。90年代学界批判吕贝尔借口无产阶级本身就是政党，目的是要否认无产阶级政党——共产党的领导的必要性，歪曲无产阶级和共产党之间的真正关系——既有联系又有区别的。①

4. 对吕贝尔关于马克思学说中伦理和科学的扭曲关系的批判

吕贝尔写道："我们发现：马克思的社会乌托邦，远非同他后来的经济学理论相矛盾，应当被当作他整个一生的工作的主驱动力。由于马克思提出恢复具有充分人性的人的见解，因此，他就站到了最伟大的社会乌托邦主义者的行列。不过，与那些提出不实际的手段来实现其社会主义的乌托邦主义者不同，马克思通过把实现社会主义的伦理要求与资本主义灭亡的科学规律和它对人的影响的内在结果连接起来，为社会主义的乌托邦提供了一个合理的基础。"② 90年代学界对吕贝尔的这段引文作了这样的分析与批判：吕贝尔尽管承认在马克思的思想和学说中存在着"客观可能性和伦理必要性"的"二元论"，即既承认它的"科学"的一面，又承认它的"伦理"或"价

---

① 参见孙伯鍨、曹幼华等：《西方"马克思学"》，江苏人民出版社1992年版，第240—244页。

② 转引自孙伯鍨、曹幼华等：《西方"马克思学"》，江苏人民出版社1992年版，第327页。

值"的一面，但是吕贝尔倾向于把"伦理必要性"看作最为根本的东西，用人道主义来理解马克思的思想和学说，把他的社会主义理解成伦理的或人道的社会主义，吕贝尔的解释和批判是以马克思的某些早期著作及其思想动机为出发点的，但是他疏忽或者忘记了马克思的思想发展曾经发生了根本的转变，即从人文主义转变为历史唯物主义，从伦理的社会主义转变为科学的社会主义。①

（三）21世纪伊始：批判的同时开始反思

进入21世纪以来，学界对吕贝尔马克思学的研究进入了一个新的阶段：从20世纪80年代着重文献资料的译介批判，90年代的大力批判，转向对各种观点的历史性的梳理、批判并开始反思。突出的特点是，一些学者站在马克思主义立场上，就学界先前关于吕贝尔的某些观点进行重新反思，要么经重新考证纠正学界先前错误认识，要么看到吕贝尔有些观点既有其谬误性，又有正面的启迪意义，当然，对吕贝尔错误的观点也决不姑息。

1. 反思"马克思学"名称的由来及性质的定位

从20世纪80、90年代的文献梳理中可以发现，绝大部分学者都认为吕贝尔是"马克思学"名称或概念的首创者。而王

---

① 孙伯鍨、曹幼华等：《西方"马克思学"》，江苏人民出版社1992年版，第41页。

东和赵玉兰在其两篇文章①中经过详细的具体考证，认为"马克思学"不是吕贝尔的专利，它的首倡者不是20世纪50年代西方学者吕贝尔等人，而是20世纪20年代列宁支持下的梁赞诺夫。吕贝尔实际上是借用梁赞诺夫的"马克思学"概念与"马克思学"传统，提出了他的马克思学概念与研究方法。1959年吕贝尔在其主持出版的《马克思学研究》（Etudes de marxologie）中首创的法文词汇 Marxologie（马克思学），还是从梁赞诺夫首创的德文与俄文词汇"马克思学"脱胎而来的。

学界在20世纪80年代初开始译介简评吕贝尔马克思学以来，一直将其性质定位为"立场观点完全是资产阶级的、反马克思主义的"。进入21世纪，有些学者对"马克思学"概念进行了重新考证分析，还原其"中性"的性质定位。王东认为，20世纪前期、中期、后期，苏联学术界都曾把"马克思学"作为一个中性概念，甚至科学概念，来指称马克思主义研究中的一个特定部门——对马克思主义创始人的专门研究。在苏联学术界，马克思学逐渐成了中性概念，讲"苏联马克思学"时是肯定性的科学概念，讲"西方马克思学"时则是否定性的意识形态概念；而这一概念从苏联传入中国后，演变成一个贬义词，只剩一种含义了，亦即西方思想家曲解马克思、攻击马克

---

① 王东：《为什么要创建中国马克思学——迎接21世纪马克思学的第三次潮》，载《马克思主义与现实》，2007年第3期；王东、赵玉兰：《"马克思学"一词源流的新发现》，载《吉林大学社会科学学报》，2007年第6期。

思主义的意识形态。为什么会出现这种现象？鲁克俭在一文①中作了这样的分析：1970年发生了一个学术事件②，导致苏联开始对以吕贝尔为代表的"西方马克思学"的批判。实际上，苏联学者这时所批判的"西方马克思学"已经不再仅仅局限于以深入的版本考证和文献学研究为特征的"马克思学"，而是涵盖了所有"居心叵测的"西方资产阶级学者的马克思研究。在苏联学者那里，"西方马克思学"是一个贬义词，而"马克思学"是中性词，两者是有明显区分的。

2. 反思吕贝尔马克思学一些观点的正面作用

第一，吕贝尔论马克思民主概念连续性的意义。通常看法认为马克思在《德法年鉴》时期完成了由革命民主主义向共产主义的转变。而郁建兴在一文③中指出，在吕贝尔看来：通常对马克思思想发展进行民主主义和共产主义二阶段的划分、特别是认为马克思在第二阶段抛弃了理想主义和自由主义的看法过于简单了；事实上，马克思通过民主理论而达到共产主义，他也从未在理论上还是政治立场上否定过他早期的民主概念的积极意义；在马克思的早期思想与后期思想之间，在《论犹太

---

① 鲁克俭：《国外马克思学概况及对中国马克思学研究的启示》，载《马克思主义与现实》，2007年第1期。

② 1970年5月西德的乌培塔尔市组织召开纪念恩格斯诞辰150周年国际研讨会，吕贝尔应邀参加会议并提交论文《关于"恩格斯是马克思主义奠基人"论题的几点看法》，此文对恩格斯的批评冒犯苏联和东德的与会学者。

③ 郁建兴：《马克思与自由主义民主》，载《哲学研究》，2002年第3期。

人问题》与《资本论》之间,在作为民主主义者的马克思与作为共产主义者的马克思之间,有着"一种本质的联系"。郁建兴认为,吕贝尔关于马克思民主概念的连续性之论,不应以取消马克思思想发展的实际变化为代价,更不能以取消马克思民主概念与自由主义民主概念的区别为代价,但是,比起仅仅把共产主义与民主之间对立起来的说法,吕贝尔之论更值得我们注意,它指出了民主概念在马克思思想发展史上的连续性,即马克思一直把民主看作是高于现有国家政治形式的形式,强调"民主"对于克服国家与社会的二元分立、社会把国家政权重新收回的意义。

第二,吕贝尔对《资本论》结构形成研究的学术价值。从20世纪80年代至2005年,顾海良至少有三次①阐述吕贝尔关于《资本论》结构形成的研究,得出如下结论:吕贝尔认为,马克思在《〈政治经济学批判〉导言》中,依据从抽象上升到具体的方法论原则,提出了最初的"五篇结构",最后这一计划结构又以严格的和确定的次序,混合成两组范畴,这就是"资本、土地所有制、雇佣劳动"和"国家、对外贸易、世界市场",此后,马克思再也没有放弃《经济学》"六册结构计

---

① 顾海良:《西方学者对〈资本论〉结构形成的研究》,载《国外社会科学》,1986 年第 9 期。顾海良:《吕贝尔对〈资本论〉结构形成的研究》,载《马克思恩格斯研究》,1992 年第 8 期。顾海良:《吕贝尔对〈资本论〉结构形成的研究》,见《马克思经济思想的当代视界》,经济科学出版社 2005 年版,第 141—150 页。

划";《资本论》只是"六册结构计划"中第一册《资本》中的一部分,是一本未完成的、不完整的经济学著作。2006年顾海良又在其发表的一文①中认为,从学术研究角度来讲,吕贝尔对《资本论》结构形成的研究还是有其学术价值的,尽管他的结论是为了否认马克思的《资本论》的完整意义,但是他的论证是充满着学术内涵的。鲁克俭也认为,吕贝尔关于马克思从来没有放弃经济学"六册计划"的观点,是中国以前不赞同但现在已成为主流的观点。②

第三,吕贝尔强调蒲鲁东经济学思想对马克思影响的重要意义。长期以来,由于受《哲学的贫困》中马克思对蒲鲁东的错误思想激烈批判的影响,常常使人产生一种误解,以为蒲鲁东只是马克思批判的对象,他的思想充满谬误,不足以对马克思思想发展产生重要影响。鲁克俭认为,这种理解并不符合历史的实际,吕贝尔在其《马克思"经济学"史》一文中经过对马克思早期文献资料的详细梳理考证分析,特别强调作为马克思同时代人和论战对手的蒲鲁东对马克思经济学思想的影响。鲁克俭还指出,关于马克思经济学思想的来源,人们一般都关注古典政治经济学家斯密、李嘉图等人对马克思的影响,而吕贝尔强调蒲鲁东经济学思想对马克思的影响,拓宽了我们

---

① 顾海良:《高度关注国外理论动态》,载《国外理论动态》,2006年第4期。

② 鲁克俭:《国外马克思学概况及对中国马克思学研究的启示》,载《马克思主义与现实》,2007年第1期。

对马克思经济思想史研究的思路。①

第四，吕贝尔关于马克思一生思想的逻辑线索是"伦理学与科学的统一"的观点更可取。关于马克思一生思想发展的内在逻辑问题，国外马克思学者向来存在很多争论，其中最有代表性的一个学派认为，马克思思想的内在统一性在于其作为一个整体是人道主义。鲁克俭认为，吕贝尔的观点与此派别还是有很大的差别：吕贝尔并不强调马克思的人道主义和异化理论，而是强调马克思思想中的乌托邦和伦理因素，并把无产阶级的自我解放看作是马克思伦理学的核心；吕贝尔强调马克思思想伦理学与科学的统一，而不是把后期马克思的"科学"消融到人道主义的道德诉求中，以人道主义来"统一"马克思一生的思想。相比之下，吕贝尔的观点更有可取之处，也更接近今天国内学者的看法。②

3. 反思吕贝尔马克思学研究的根本缺陷和历史功绩

20世纪80年代，学界对吕贝尔的马克思学研究活动基本持完全否定的态度。20世纪90年代，虽然有极个别学者肯定了吕贝尔在"搜集编译、历史考证、注释说明等功劳与作用"，但学界总体上认为吕贝尔马克思学基本理论倾向"存在严重地

---

① 鲁克俭：《国外马克思学研究的热点问题》，中央编译出版社2006年版，第19页。

② 鲁克俭：《国外马克思学研究的热点问题》，中央编译出版社2006年版，第122页。

曲解马克思和马克思主义的错误"。① 21世纪伊始，学界对吕贝尔马克思学研究活动的得失评价日趋理性，更明确地倾向于从两个方面对吕贝尔进行评价，既肯定他的研究活动、也评判其根本错误。

学界一直以来关于吕贝尔马克思学的根本性错误可以简略概括为：马克思主义是一个神话，马克思是反马克思主义者、空想主义者、无政府主义者，马克思与恩格斯关系对立，否认马克思留下完整的科学社会主义思想体系，否定列宁和斯大林对苏联社会主义国家的建立和建设成就。2008年刘金昌在一文②中，对其中三个观点进行了批判反驳，认为：马克思主义不是一个神话；马克思学说是对乌托邦的超越，是从空想到科学的飞跃；马克思主义理论体系是一个完整的思想体系。21世纪，学界在批判吕贝尔马克思学的理论局限的同时，也明确肯定其历史贡献。2011年两篇文章③相继再次对"马克思主义是20世纪的神话""马克思是最伟大的社会乌托邦主义者"进行

---

① 黄楠森等主编：《马克思主义哲学史》第八卷，北京出版社1996年版，第365页。

② 刘金昌：《吕贝尔马克思学"三大观点"评析》，中国人民大学2008年硕士论文。

③ 胡寅寅：《"最伟大的社会乌托邦主义者"——吕贝尔的马克思学思想研究》，黑龙江大学2011年硕士论文；孙继红：《吕贝尔"马克思主义是20世纪的神话"论的错误》，载《社科纵横》，2011年第10期。

了批判。曾枝盛在一文①中指出，吕贝尔马克思学研究的主要成就三个方面：创办和主持出版了《马克思学研究》杂志；关于马克思文献学、版本学方面的研究在法国乃至国际上仍然是独一无二的；为深入研究马克思生平事迹、马克思著作文本和轶文，提供了很多思想资料。

经过对国内学界吕贝尔马克思学研究的详尽梳理查究，笔者发现国内目前没有国外学者研究吕贝尔马克思学的译著，国内译介分析国外学者研究评价吕贝尔马克思学的资料也很少。②据笔者目前查阅的资料来看，英美学者对吕贝尔马克思学的研究方式主要有三种：一是编译吕贝尔著作和论文集，并且在著作或文集的序言或导言中，阐述对吕贝尔马克思学研究的观点和看法。例如：《马克思社会学和社会哲学著作选》《没有神话的马克思：马克思生平和著作的编年研究》《马克思的生平和著作》和《吕贝尔论马克思：五篇论文》等著作和论文集。二是评析吕贝尔马克思学及相关著作。介绍吕贝尔著作的主要内容，分析其研究的方式和特点，并对其观点和所作的研究进行得失评价。譬如，评介《马克思社会学和社会哲学著作选》

---

① 曾枝盛：《重建马克思学——〈吕贝尔马克思学文集〉导言》，载《马克思主义与现实》，2007年第1期。

② 刘冰菁：《保卫吕贝尔：21世纪法国"马克思学"的乌托邦转向》，载《山东社会科学》，2015年第10期；刘冰菁：《从"吕贝尔之争"走向"马克思学"之声——当代法国"马克思学"研究的批判性回顾与展望》，载《福建论坛·人文社会科学版》，2018年第10期。

《马克思著作目录》《吕贝尔论马克思:五篇论文》和《吕贝尔的马克思著作集第四卷》等文本以及布鲁诺·波吉瓦尼的《马克西米里安·吕贝尔》和凯文·安德森的《马克西米里安·吕贝尔,自由论者的马克思编辑者》《吕贝尔的马克思学:一个批判》等著作。三是翻译刊发吕贝尔论文和国际会议发言。如,关于马克思民主观的《论马克思的民主构想》和《马克思与美国民主》两篇文章,就马克思社会主义问题研究的三篇论文《乌托邦与革命的反思》《社会主义和公社》和《19世纪非市场社会主义》以及《国际社会科学大百科全书》刊载的《卡尔·马克思》一文等。其中大部分论文曾用原文法文发表,有一部分还收入法文论文集《马克思批评马克思主义》中。国外译介研究吕贝尔的著作和论文,扩大了吕贝尔马克思学在西方的影响力,具有重要的历史意义。由于目前国内学界介绍国外研究吕贝尔马克思学的情况寥寥无几,况且国外进行了一定量度的研究,因此本书打算在导论的研究思路部分和正文中对此作详细的介绍分析研究,在此不再赘述。

二、研究吕贝尔马克思学的缘由及意义

为什么要提出研究吕贝尔马克思学问题?有什么重大意义吗?主要基于以下四方面考虑:

（一）吕贝尔马克思学的独特历史地位

吕贝尔，是西方马克思学研究中非常重要的代表人物，不仅在西方马克思学界乃至国际上都拥有相当广泛的影响。随着马克思学研究再次掀起高潮①，吕贝尔马克思学越来越引起关注。近年来，马克思文本解读研究在国内学界也逐渐受到重视。吕贝尔作为一个标榜对马克思的研究持非意识形态客观立场、进行纯学术研究的西方学者，在马克思文献学研究领域占据特殊位置。因此，从吕贝尔马克思学在马克思学历史进程中的独特历史地位看，我们有必要进一步加强对其研究力度。

（二）国内研究经历曲折三个阶段，尚未取得共识

概括国内学界研究吕贝尔马克思学的方式和特点，可以将其研究的历史发展过程分为20世纪80年代、90年代以及21世纪三个阶段进行脉络梳理：20世纪80年代初，吕贝尔马克思学开始以"完全是资产阶级的、反马克思主义的"定位被译介引入国内，学界形成了一些初步批判性的观点与评价；20世纪90年代以来，随着苏东剧变，学界对吕贝尔马克思学研究

---

① 2009年，"国外马克思学译丛"由北京师范大学出版社出版，首批六本涵盖了吕贝尔、费彻尔、莱文、洛克莫尔、古尔德、卡弗等国外马克思学研究专家的代表作，这在国内马克思学研究出版方面尚属首次。2011年，"国外马克思学译丛"出版了第二批三本。2013年，"国外马克思学译丛"出版了第三批四本。

出现了新的特点,形式上表现为一些著作中有专门章节论述吕贝尔马克思学,内容上表现为对其观点加强了批判的力度;进入21世纪,学界对吕贝尔马克思学的研究进入了一个新的阶段,突出的特点是,一些学者对吕贝尔马克思学观点进行重新反思,认为吕贝尔的有些观点具有正面的启迪意义,当然,也有一些学者还是秉承过去一味地批判吕贝尔马克思学观点。从对国内学界研究的历史发展过程脉络梳理和思想内容概况看,国内研究虽然经历了从译介、批判到反思的逐步深入过程,但并没有取得共识,还存在很大探讨空间,有待进一步加强研究。

(三)评价吕贝尔马克思学研究的观点存在争论,但专门研究很少

学界如何看待吕贝尔马克思学的研究情况呢?国内学界总体上趋向于认同吕贝尔在编译方面所作的文献学贡献,但就他的学术观点,存在两种比较流行的看法:一种是自20世纪七八十年代以来,学界就对吕贝尔马克思学几乎持完全否定的态度,认为"吕贝尔的立场观点完全是资产阶级的、反马克思主义的";另一种是从21世纪开始到今天,一些学者在承认吕贝尔马克思学有根本性错误的同时,开始反思其观点是否存在值得肯定的价值,是否在我们今天创建中国马克思学、大力推进马克思主义理论研究与建设中具有值得借鉴的方面。

对于吕贝尔的学术观点,虽然存在着赞成与反对双重声音,但从前文国内外研究概况总体上看,目前国内学界对吕贝

尔马克思学的研究所取得的成果仍较为有限。截至目前，笔者经初步查找统计：国内目前只有一本吕贝尔论文选的译著①，几乎没有国外学者研究吕贝尔的译著，有少量译介国外学者研究吕贝尔的资料；还没有针对吕贝尔的专题研究著作面世，只有很少量的一些著作中的章节或片段。学界目前对吕贝尔马克思学的本来面目认识不够，只有进一步加强吕贝尔马克思学研究，才能更全面了解吕贝尔马克思学，以达到更全面客观具体的评价。

（四）发掘吕贝尔马克思学思想观点有一定的启发性

目前学界对吕贝尔马克思学的研究成果有限，实际上，吕贝尔马克思学思想内容至少有以下几方面：一是吕贝尔关于马克思哲学的相关看法：吕贝尔的马克思哲学卷文本体系；吕贝尔论马克思思想来源和思想历程，从哲学到政治经济学；吕贝尔对《资本论》及其手稿的哲学看法；吕贝尔论马克思哲学与社会学；吕贝尔论马克思政治哲学中的民主观、社会主义观；吕贝尔论马克思恩格斯对立的哲学观等。二是吕贝尔批判马克思主义的基本观点：马克思反对马克思主义，恩格斯制造了马克思主义；马克思与恩格斯的对立关系；马克思不仅是反马克

---

① 曾枝盛编选：《吕贝尔马克思学文集》（上），郑吉伟、曾枝盛等译，北京师范大学出版社 2009 年版。该书主要编目为五个部分，另加一个附录。2018 年，北京师范大学出版社从该书中挑选了前四个部分，编为四章，书名为《吕贝尔马克思学文萃》。

思主义者,而且是空想主义者、无政府主义者;吕贝尔否认马克思留下完整的科学社会主义思想体系;吕贝尔否定列宁和斯大林对苏联社会主义国家的建立和建设成就等。三是吕贝尔马克思学研究的其他方面:对马克思生活及作品的编年研究;《卡尔·马克思著作》四卷本的文本体系;对马克思思想中社会主义(科学)与伦理学关系的研究;对马克思经济学历史、计划与方法的研究;对俄国公社和俄国革命的研究等。

当然,吕贝尔马克思学观点不免有正误之分,但是这正反两方面观点都能为我们更好地推进马克思主义研究从源头上抓起提供向导作用——从正面来说,吕贝尔强调真实考察马克思本人思想所得出的正确观点,能为我们推进马克思主义理论建设所吸收利用;从反面来说,吕贝尔观点的谬误性促使我们去加强研究、更真实地了解马克思本人真实思想,这对于推进马克思主义理论建设从源头上抓起也是有意义的。

综合这四方面,加强研究吕贝尔马克思学是很有必要的,也是当前国内马克思哲学研究的重要研究课题。

三、研究吕贝尔马克思学的新方法与新思路

如何进一步研究吕贝尔马克思学?吕贝尔马克思学研究是否能够取得新的进展,将至少决定于两个方面:一方面决定于我们是否在研究方法和解读上取得新的突破,从而真正

掌握吕贝尔解读马克思的思维密码和内容；另一方面决定于我们是否能够通过马克思本人文本，在马克思思想解读上取得新的进展。换一句话说，即进一步加强吕贝尔马克思学研究，我们要两条腿走路，不仅要在吕贝尔思想研究方面下功夫，而且应当在马克思文本解读方面下功夫，这两种研究方向看似不同，实质上却完全是相辅相成的，不可或缺的。

（一）以科学的态度与方法分析其贡献与局限

综述国内吕贝尔马克思学研究的发展过程，了解到吕贝尔马克思学具有贡献与局限二重性，因此我们应当对其坚持具体分析的科学态度，采取哲学分析二重性方法：在意识形态层面，决不盲目跟从吕贝尔的研究，应采取根本批判的态度；在学术研究层面，不应忽视其成果，但对具体观点应具体分析、一分为二。面对吕贝尔所提出的有别于我们的观点，我们也不应当简单地否定了事，而应该做相应的深入研究，开展积极的学术对话。研究吕贝尔马克思学不能仅仅停留在批判和反思的层面上，而应当在借鉴前人研究成果的基础上，达到对吕贝尔马克思学更进一步的深入理解、作出理论创新。

（二）直接面对吕贝尔的文本

从目前学界对吕贝尔马克思学的研究所取得的成果看，直接就吕贝尔本人的文本进行研究的成果甚少。实际上，我们发现吕贝尔马克思学研究至少有以下三方面内容：

第一，吕贝尔马克思学文献学研究。它至少表现为三个方面：一是收集和编录马克思著作目录集。吕贝尔对马克思的著作目录进行了周详的研究，写了两本相关著作，即《卡尔·马克思著作目录》（1956年）和《卡尔·马克思著作目录补篇》（1960年）。美国宾夕法尼亚大学戈登·A.马克对吕贝尔编辑的马克思著作目录的主要内容与方式方法作了介绍，并对其作了得失评价，认为这两册作为参考著作具有极其有用价值。① 二是编译马克思著作集四卷本。吕贝尔原计划编辑《卡尔·马克思著作》六卷，但实际上编辑了四卷，即《马克思经济学著作》（第1、2卷）、《马克思哲学著作》、《马克思政治学著作》（第1卷）。《马克思政治学著作》（第2卷）和《马克思书信集》列入计划，但由于吕贝尔1996年逝世最后两卷并未完成。凯文·安德森指出，吕贝尔最被公认的成就是他编辑的马克思著作集，即从1965年出版的第一卷至1994年出版的第四卷，这四卷著作集的每一卷大约都有2000页，以前言、导言和评论性注释的形式，对马克思的生活及作品做了大量详尽而博大精深的评论。② 三是对马克思生

---

① Gordon A. Marker, "Reviewed Work(s): Bibliographie des œuvres de Karl Marx and Supplément à la Bibliographie des œuvres de Karl Marx by Maximilien Rubel", *The Journal of Political Economy*, Vol. 69, No. 4 (Aug., 1961).

② Kevin Anderson, "Maximilien Rubel, 1905–1996, Libertarian Marx Editor". *Capital & Class*, No.62 (summer 1997).

活及作品进行编年研究。① 吕贝尔将马克思一生划分为六个阶段，列出马克思所处每一个历史时期的主要作品，并试图通过描述每一个时期的主要事件，将马克思思想活动设置在当时的历史视野之中，为他的思想、行动和影响提供合理的背景。

第二，吕贝尔马克思学思想内容研究。其一，论马克思思想的理论来源与黑格尔、圣西门及英国政治经济学有渊源关系。其二，论马克思思想发展的历程是从哲学到政治经济学以及哲学与政治经济学的关系。② 其三，对马克思"经济学"或《资本论》计划创作结构及创作过程思想的"变化"研究。其四，论马克思政治哲学中的民主观和社会主义观。吕贝尔在《论马克思的民主构想》一文中论述了马克思民主概念两个阶段的连续性，马克思民主思想的来源，马克思政治生涯的主要事件，关于马克思民主观的结论等；吕贝尔还写过另一文《马克思与美国民主》。吕贝尔一生就马克思的社会主义问题进行过长时间的研究，做过大量的工作，在《关于乌托邦与革命的反思》《社会主义和公社》《19世纪非市场社会主义》三篇文章中论述了马克思的社会主义与空想社会主义、巴黎公社和市场经济的关系，提出一个重要问题，即马克思社会主义观。

---

① Maximilien Rubel and Margaret Manale, *Marx Without Myth. A Chronological Study of His Life and Work*, Oxford: Basil Blackwell, 1975, New York: Harper & Row, 1976.

② Maximilien Rubel,"De la philosophie à l'économie politique", *Etudes de marxologie*, No. 11(June 1967).

第三,吕贝尔批判马克思主义的基本观点。吕贝尔的主要观点集中表现为:马克思反对马克思主义,恩格斯制造了马克思主义;马克思与恩格斯的对立关系;马克思不仅是反马克思主义者,而且是空想主义者、无政府主义者;否认马克思留下完整的科学社会主义思想体系,否定列宁与斯大林对苏联社会主义国家的建立和建设成就等。

(三) 加强马克思文本的研究

吕贝尔马克思学研究是否符合马克思的历史真实,有哪些借鉴之处和局限性,单从吕贝尔的角度还无法得出一个中肯的结论。我们还必须加强马克思本人文本研究,力求真正走进马克思、理解马克思,并与吕贝尔马克思学进行比较与对照,排除吕贝尔马克思学中的错误观点,发展马克思思想。

总之,我们要以科学的态度与方法,直接面对吕贝尔本人的文本,在正确理解其思想的基础上,最终实现用"以马解马"解读模式,以检验吕贝尔对马克思文本的考证与解读的是非曲直。

吕贝尔马克思学文献篇

吕贝尔在西方乃至国际马克思学界产生过重要影响的、持有最多肯定评价的，应属他编辑的一系列文献工具书。吕贝尔一直致力于重新编辑出版能真正反映马克思思想"本来面貌"的马克思著作文集。这项工作开始于1948年出版的专题文集《社会主义伦理学选编》，主要致力于有关异化和共产主义作品的收集，这大大推动了学界后来对马克思人文主义的研究兴趣。1956年，吕贝尔发表了就马克思著作作注释的参考书目《卡尔·马克思著作目录》，含有恩格斯的作品书单，是当时西方最完整可利用的参考书目；1960年，他又出版了这本参考书目的补充本《卡尔·马克思著作目录补编》。1959年，吕贝尔开始主持出版《马克思学研究》杂志，至1995年最后一卷，共有30卷，它一直为这一领域的研究质量设置了标准，并且西方当时有一些马克思文本在这里第一次出现。① 1961 年，与汤姆·博托莫尔合编《卡尔·马克思社会学和社会哲学选编》。从 20 世纪 60 年代起，吕贝尔计划出版大型的马克思著作文集 6 卷本，包括 1965 年《马克思经济学著作》（第 1 卷）、1968 年《马克思经济学著作》（第 2 卷）、1982 年《马克思哲学著作》、1994 年《马克思政治学著作》（第 1 卷），《马克思政治学著作》（第 2 卷）和《马克思书信集》（总计划的第 5 卷和第 6 卷）在计划实施过程中，由于 1996 年吕贝尔去世，未能如期出版。在这里，本篇主要介绍、探讨、分析和评述吕贝尔文献学研究中最为重要的马克思著作目录二册与已出版的涵盖马克思经济学、哲学和政治学的四卷著作集。

---

① Ollman, B., "Review of Rubel's Marx, Oeuvres IV", *MEGA-Studien* 2, 1995, p.126.

第一章　吕贝尔的马克思著作目录学

1956年和1960年，吕贝尔分别编选了两本著作《卡尔·马克思著作目录》①和《卡尔·马克思著作目录补篇》②，可分别看作吕贝尔编辑马克思著作目录的正卷和补卷。在当时西方极其缺乏马克思研究资料的背景下，西方马克思研究学者们把这两册著作目录当作进行研究的重要参考工具，连同1957年《卡尔·马克思思想传略》发表，为吕贝尔在西方马克思研究学界奠定了重要历史地位。

---

① *Bibliographie des oeuvres de Karl Marx. Avec en appendice un répertoire des oeuvres de F.Engels.* Paris：M.Rivière,1956.

② *Supplément à la Bibliographie des oeuvres de Karl Marx.* Paris：M. Rivière, 1960.

一、目录编辑的历史缘由

当时西方长期以来缺乏较完备的马克思著作目录。1941年，德国法西斯占领法国，法国马克思主义者找到当时已具备法学、哲学和文学（德国文学）三个学士学位的吕贝尔，要求他帮忙把向德军散发的宣传单译成德文。在与这些法国共产党的接触过程中，吕贝尔发现他们对马克思思想的解释存在混乱，产生了对马克思主义和马克思著作研究的兴趣，便着手寻找马克思主义书刊和马克思著作，结果发现："根本没有包括马克思全部著作的全集版本，连他的全部著作的完备书目也没有出版过，甚至也没有一部差强人意的完备的马克思传记。"[①] 于是，他开始一边研究一边编写马克思著作目录卡片。在长达13年持续不断的搜集编译、评注说明和分析研究中，1954年他向索邦神学院提交了获取博士学位的主副论文，主论文《卡尔·马克思思想传略》于1957年发表成为著作，副论文《卡尔·马克思著作目录》也在之前一年（1956年）以著作形式出版。

[①] 杜章智：《一个反马克思主义的"马克思学家"——马·吕贝尔》，载《马列主义研究资料》，1982年第5辑，第230页。

在《卡尔·马克思著作目录》导言①中，吕贝尔简要概括了马克思恩格斯的版本历史，认为1956年之前没有马克思恩格斯全集出版。恩格斯生前已经考虑过《全集》，但最终未能付诸实行，在他死后埃莉诺·马克思、考茨基、伯恩施坦和梅林等之间经常相互冲突，出版前景也变得不容乐观。1917年后，社民党人士断断续续地出版了许多片断，前景才变得更加具体，俄国甚至有个合适人物，梁赞诺夫，已经致力于委托给德国社会民主党的马克思恩格斯文本的研究。巨大的马克思恩格斯思想遗产的文本分散在德国社会民主党档案室以及欧洲和美国公共与私人图书馆，在列宁的支持和帮助下，梁赞诺夫将这些文本的原件和影印件安全地带到莫斯科马克思列宁档案室。当时社民党和苏联社会主义共和国联盟之间的关系不是那么亲切，梁赞诺夫取得与许多社民党支持者的积极和宝贵的合作，莫斯科研究院和德国社会研究学会在柏林和法兰克福成立了两个出版公司，用很少时间完成了这项巨大工作。但在1930年，反对"社会法西斯主义者"的斯大林主义运动达到了顶峰，这本来已经十分脆弱的合作必须得以中断。翌年，由于被指控与社会民主党人和孟什维克党员合作，梁赞诺夫被解雇研究院的工作，受到开除党籍处分。然而，在此期间，梁赞诺夫已开始知名的 MEGA 出版事业。MEGA 预计 40 卷，分为三个

---

① *Bibliographie des oeuvres de Karl Marx. Avec en appendice un répertoire des oeuvres de F. Engels.* Paris：M. Rivière，1956，pp.7-34.

部分：第一部分是除《资本论》之外的哲学、经济、历史和政治作品；第二部分是各种不同版本的《资本论》和所有未出版的手稿；第三部分是全部书信。1930年，梁赞诺夫只出版5卷和马克思恩格斯档案馆两期其他一些文本，规模最显著的是恩格斯的《自然辩证法》。另7卷由他的继任者阿多拉茨基出版，直至1935年，MEGA出版工作突然中断，马克思恩格斯的全部作品只上升到1848年至1849年。只有俄文版本得到继续，但它是不连续的、不完整的，缺乏这项事业创始人的严谨。在这种严重缺乏较完备的马克思著作目录的历史背景下，1956年吕贝尔第一个编制出版马克思的著作书目及恩格斯作品清单附录，即《卡尔·马克思著作目录》，并在1960年再次发表目录的补充《卡尔·马克思著作目录补篇》。

二、目录编辑的内容和方式方法

（一）正卷《卡尔·马克思著作目录》

正卷分七个依次大小体例：（1）导言；（2）集体版本、文集、期刊及其缩写表；（3）死后第一次出版著作年表；（4）正文；（5）附录；（6）人名索引；（7）增编。下面主要介绍、分析两个占绝大多数版面的主要部分——有评注说明的马克思著作目录正文和恩格斯著作目录附录。

正文是正卷中最为重要的，分四个部分介绍实际书目的901个词条：

第一部分是作者生前及死后已出版的著作。这部分书目收集采用按时间顺序进行的方法，共有757个词条，始于1835年马克思为获得高级学位而作的七篇作文，止于1882年《共产党宣言》的俄文版序言。每一词条都给了一个阿拉伯数字参考编号，数字后的字母"P"指该著作在马克思过世后才发表，著作标题按原始语言形式呈现，并在括号中进行了法文翻译。详细的缩写体系指出了词条的出版来源，包括编页码。重要的翻译也标示出来，但是这部分工作倾向于支持法文版。除著作列表之外，这部分的主要贡献也体现在每一词条的注解上，吕贝尔简要描述了每一项目的内容及作品背景环境的标示。

第二部分是书信。这部分有关已出版的书信，放弃了按时间顺序编排方法，而采用按字母排序的方式，列举了马克思所写给的通信人的姓名。连同马克思恩格斯之间的通信，共涉及121个名字和644封信件。如同第一部分一样，也给出了书信的日期及已出版文本的位置。吕贝尔再次给每一词条作了简要的文本，指出了与每个人通信内容的相关情况及书信与马克思众多大型著作的关系。只有在书信以独立分册收集与出版的地方，注解才得以省略，如致拉萨尔和库格曼的书信，但是在这里吕贝尔提供这些已出版书信的翻译列表，同时也指出它们原文的出处。

第三部分是未出版的著作。这部分非常简要地列举了大英博物馆、莫斯科马克思恩格斯列宁研究院和阿姆斯特丹国际社会历史研究所的资料。在这册出版期间，阿姆斯特丹国际社会历史研究所档案馆只能提供马克思未出版著作的一个临时性的列表。在这部分目录中，手稿涉及了广泛的主题：从文学到哲学再到数学。对每一条目，作者都给出了手稿的位置及对这些资料存放地方的讨论的引证。极其有趣的是，吕贝尔对马克思遗留的《资本论》第二、三、四卷手稿状态的评论。

第四部分是"存疑的部分"。这部分标题为"存疑的"（dubiosa），包括不能肯定是应归于马克思的未签名的著作、马克思签名但恩格斯写的文章（但文章可能经马克思进一步修正）、经马克思指导写的著作，还是由朋友、访客等记录的马克思声明。

附录是紧随正文之后介绍恩格斯著作目录的列表，它与正文中马克思已出版的著作及手稿部分采用同样的方式方法罗列了 151 个词条。

（二）《卡尔·马克思著作目录补篇》

1960 年的补篇是在 1956 年正卷的基础上进行新增、更正和补充，包含了四年前正卷出版期间不可获得的额外材料。从吕贝尔写的三页序言中，我们了解了补篇的资料来源：这份附加资料来自大英博物馆科林代尔部（the Colindale section of the British Museum）、阿姆斯特丹国际社会历史研究所和米兰的詹贾科莫·费尔特里内利研究所（the Giangiacomo Feltrinelli Institute）。阿姆斯特丹研究所成为马克思许多文献资料的存放处，始于希特勒时期这些文献被控制在德国社会民主党人手中，在早期出版期间，这个图书馆还没有对马克思著作进行充分编目分类以便允许彻底调查。补篇的另一个重要来源是1955—1959年出版的马克思恩格斯著作13卷的俄文第二版。

补篇正文按正卷的编目分类体系确切分为相对应的四部分，总共600多个词条。每一词条最多由四款项组合而成，依次分别为字母a或r或N、数字编号、字母P和条目内容。编号前字母a表示该条目的内容是在原有编号条目内容基础上新添加的，字母r表示对原有编号条目内容的更正，字母N是指在原有编号条目新添加细分的编号和内容。数字编号后若有字母p，表示该条目内容在作者死后才出版。吕贝尔按马克思和恩格斯分别做了新的词条，在600多个附加词条中，马克思新词条115个，恩格斯只有30个，对恩格斯的著作目录考虑得不够彻底。

把正卷和补卷进行相对照，它们的主要内容的正文马克思著作目录的四部分和附录恩格斯著作目录，按同样的方式方法进行编排。相对于正卷来说，补篇内容量大大减少，同时也略去了人名索引，但补篇多增加了一份勘误表，包含勘误和附加补充量，是对出版印刷错误的插入更正和增补纠正。

三、目录编辑的历史评价

（一）介于"乌托邦与科学之间的参考书目"

与参考书目相并列的是吕贝尔 1957 年出版的《卡尔·马克思思想传略》，它的主题详细阐述了被评论者批评的革命伦理学和批判社会学之间的二元论。马克思的早期作品占据参考书目相当大的空间，证明了马克思凭借有形的具体社会反黑格尔。吕贝尔强调了斯宾诺莎伦理学对马克思的影响，从自由主义到共产主义的片断、对官僚机构的批判被理解为深奥知识的精华，又通过费尔巴哈的调解，从宗教转变到政治的分析和凭借人类解放对政治解放的批判。在吕贝尔看来，对马克思来说，批判最终成为在意识层面和知识层面阐述放弃旧世界的道德和革命的计划的理论工具。政治学批判之后的唯物主义历史观给马克思提供了一种研究方法，吕贝尔将其定义为批判的社会学，强调马克思直接归功于圣西门。最初，马克思站在圣西门一边支持"最广大贫困阶级"的无产阶级伦理学。然而，后来他放弃了圣西门主义的精英特征，以找到无产阶级的阶级以外的无产阶级自己的对外意识。马克思对无产阶级的自我解放的思想归功于弗洛拉·特里斯坦。从此，排斥所有政党，或剥夺可以而且必须解放的主体和客体的阶级的动态自治的国家中央集权制。此时，马克思介绍了有关共同社会（Gemeinwesen）和人类共同生存（共产党性质）的主题，在一些段落中吕贝尔说，马克思第一次写的不是共同社会，而是公社（Kommune），但后者是他后来删除掉的一个术语。这是他对共产主义的反思起点，这不仅是确凿的经济定量发展方针，而且是逃离被国家独立和压迫、雾化和瓜分、框住和官僚化的文明社会的人类的真正存在。① 像批判的社会学和政治经济学，唯物史观是分析抑制共同社会并妨碍其自由主张的社会障碍的方法。共同社会是共产主义的本质，使其可能实现。反过来，共产主义是自由产生共同社会的真正运动；正是这种社会行动，明显留下人类极为漫长的史前史。正因为如此，布鲁诺·波吉瓦尼在《马克西米里安·吕贝尔》一文中，对马克思著作参考书目作出这样的评论和注解："乌托邦与科学之间的参考书目"②。

（二）具有客观公正的态度、完备广博的学识、有待完善的重大历史价值的参考书目

《卡尔·马克思著作目录》（以下简称《目录》）导言包含34页有关马克思著作出版和编排的历史性说明，追溯了马克思作为作家的职业生涯、恩格斯作为他同伴工作编辑者的活

---

① Karl Marx. *Essai de biographie intellectuelle*. Paris：M. Rivière,1957. 2d ed. revised and corrected,1971,p.67.

② Bongiovanni,B."Maximilien Rubel", *Telos* 47,1981,p.164.

动和恩格斯逝世之后相应的发展（这个部分专门讨论了俄国"马克思学家"的不同成就）及范围最广的书目计划如何得以实施。它具体包括三个组成部分：首先，分三个时间阶段1837—1849年、1850—1861年和1862—1883年概述马克思职业生涯；其次，按马克思作品出版的三个历史阶段阐述这份珍贵的文化遗产，它们分别是恩格斯，卡尔·马克思的编辑，恩格斯逝世后——埃莉诺·马克思·埃夫莱林、卡尔·考茨基、伯恩施坦和梅林，梁赞诺夫和 MEGA；最后，对著作目录出版的计划和方法论进行说明。1957年，美国罗斯福大学的赫尔穆特·赫希在《现代历史杂志》上评论《目录》说："令人遗憾的是，当马克西米里安·吕贝尔自己的书目付印时，他还没见过可竞争性的参考书目。……仅仅这个部分，博学和公正的模型——在马克思主义问题上特别重要和罕见——证明了这本书的出现的正当性。"① 1961年，美国宾夕法尼亚大学戈登·A.马克在《政治经济学杂志》上也作出如下评论：大多数严肃的马克思研究者最终都会面对相当大的设置障碍，不仅因为马克思大规模的文学作品数量，而且因为他同时是一个新闻工作者、学者，事实上，马克思也进行宽地理范围的广泛通信联

---

① Author(s) of Review: Helmut Hirsch. "Reviewed Work(s): Bibliographie des oeuvres de Karl Marx, avec en appendice un répertoire des oeuvres de Friedrich Engels" by Maximilien Rubel. *The Journal of Modern History*, Vol. 29, No. 1 (Mar., 1957), p.61.

系，当我们把所有这些相联系起来，要获得全面的马克思观点，几乎难以实现。"先前曾尝试汇编马克思作品的年表，但是它们要么太简短而不完整，要么作为特殊意识形态立场的工具。幸运的是，随着吕贝尔《目录学》的出版，给我们提供了完整的马克思作品详细目录。"① 1981 年，布鲁诺·波吉瓦尼在《马克西米里安·吕贝尔》一文中更具有总结性地认为，吕贝尔的马克思著作书目及恩格斯作品目录附录是"历史上第一次进行科学编制，从那时起，《马克思研究》杂志开始免于党的诽谤和意识形态的偏见，只有通过展示马克思的多形态遗产的复杂性和丰富性，才有可能离开使用那种遗产作为工具的长期诱惑"②。从根本上说，上述的评论是就苏联意识形态化编辑相比较而言的，吕贝尔概述先前各种版本历史，态度上表明更具有客观公正性，但我们不能否认他对梁赞诺夫还是持比较褒扬的立场。

从《目录》的其他四个小部分彰显的细节，还可窥见吕贝尔掌握详尽广博的资料和考虑非常周全的编排体系。《目录》集体版本、文集、期刊及其缩写表，给出了主要的首字母缩写

---

① Author(s) of Review: Gordon A. Marker. "Reviewed Work(s): Bibliographie des œuvres de Karl Marx and Supplément à la Bibliographie des œuvres de Karl Marx." by Maximilien Rubel. *The Journal of Political Economy*, Vol. 69, No. 4 (Aug., 1961), p.402.

② Bongiovanni, B. "Maximilien Rubel", *Telos* 47, 1981, p.166.

词和用在导言书目和书目本身各部分的缩写。例如：AMER 缩写的意思是，"卡尔·马克思和弗里德里希·恩格斯/1848 年至 1895 年致美国人信函。选集。国际出版商，纽约，1953 年，312 页"。这个包含了马克思和恩格斯的著作的集体版本、文集、期刊的缩写表，虽不是详尽无遗的，如有些出版物用全标题出现在书目中，但表中所列的出版物的缩略语和缩写，对有兴趣阅读的读者方便查找使用文本及其追踪资料来源是非常有益的。《目录》第 40 页插入一张"逝世后第一次出版著作年表"（图形表），从中可以看出马克思某一著作是哪年写成的，生前并未出版而过世后又是哪年出版的。这份出版著作年表比较集中详尽地提供了马克思写于生前、发表于去世后的一些重要著作的年份，例如：从图形表的坐标系横轴可发现《经济学哲学手稿》和《德意志意识形态》分别是 1844 年和 1846 年完成，从纵轴可看出它们分别又是在 1932 出版发行。《目录》人名索引列表中的姓名包括卡尔·马克思著作出现和书目当中列出的作者、编辑和通信者等。标有星号的人名是马克思书目第二部分通信者的姓名。这部分每一列表条目内容大致包括人名及其生死时间、身份简介和数字，这些数字与作品的排序号对应，表明该名字在这对应数字的书目中出现。这部分的编排可以帮助快速查找与人名相关的文本，并了解该作者的身份及与马克思的关系。《目录》增编给出该书目付印最近的出版物，给出页码标题以便插入指示的位置，方便了解最新信息。在这里应说明一点：吕贝尔没能够提供一个较好的索引。《目录》只有人名索引，而补篇没有，事实上，涉及马克思恩格斯重要著作的相关项目索引如主题索引、报刊索引和地名索引等，也是非常有用、很受欢迎。但是，不管怎么说，吕贝尔编辑目录的结果证明，这两册参考著作是有重大历史价值的，出现的批评总体上不会贬低吕贝尔编辑马克思恩格斯目录学术研究的伟大历史贡献。

第二章 吕贝尔编辑的马克思著作集四卷本

吕贝尔最重要的马克思学术贡献、最被公认的成就是他编辑出版的马克思著作集四卷本,涵盖经济学、哲学和政治学,即《马克思经济学著作》第 1 卷(1965 年)、《马克思经济学著作》第 2 卷(1968 年)、《马克思哲学著作》(1982 年)和《马克思政治学著作》(1994 年)。20 世纪 60 年代,吕贝尔的马克思著作集的首次出现,被誉为"时代的标志"①。这个跨越 30 年的版本,虽然比原先预期的完成时间长,但它只在一名助理路易·雅诺韦一起工作下完成的,每卷平均有 2000 多页,除了对马克思著作文本进行编译之外,其中还包括他个人写的长篇序言、导言、文本出版说明简介和评论性注释,例如:仅第四卷《马克思政治学著作》,吕贝尔写的前言"致读

---

① 转引自 Bongiovanni, B. "Maximilien Rubel", *Telos* 47, 1981, p.159。

者"14页、导言113页、文本说明和注解566页。凯文·安德森对吕贝尔作了这样的评价:"这位国际上著名的马克思著作编辑马克西米里安·吕贝尔,1996年2月28日在巴黎过世,享年90岁,这对于马克思学术将是一份真正的损失",称其为"连同梁赞诺夫一起,吕贝尔是20世纪最伟大的马克思编辑者之一"。①

一、著作集的编辑动因

吕贝尔在用卡片编写马克思著作目录、出版著作目录集二册的同时,对马克思本人的著作和马克思主义书刊也进行了很长一段时间的阅读研究,得出的结论是:"马克思主义实际上同马克思的基本教导关系甚微,马克思的为人和著作完全被神秘化了。"② 他认为,应对马克思思想的起源和发展进行"深入的、不带成见的独立研究",创立一门不同于通常的马克思主义的专门学科,名曰"马克思学"。吕贝尔指出,马克思在自我思想发展历程中,对一切思想不曾拒绝,而是加以仔细审查和改造,不存在意识形态的偏见和学科的限制性。他认为,

---

① Anderson, Kevin. "Maximilien Rubel, 1905—1996, Libertarian Marx Editor". *Capital & Class* 62(1997).

② 杜章智:《一个反马克思主义的"马克思学家"——马·吕贝尔》,载《马列主义研究资料》,1982年第5辑,第230—231页。

应继承这种传统，使之成为"马克思学"的研究方法：保持意识形态的独立性和克服学科的局限性。马克思学研究要求继续追随马克思的思想历程，去探索马克思接触过的各学科所有问题。吕贝尔设想的马克思学，范围很广，相应地"该研究领域的学者们将不得不把自己塑造成为哲学家、历史学家、经济学家和社会学家等等"①。

1959 年，吕贝尔主持创办了新刊物《马克思学研究》，共出版 30 卷，最后一卷出现在吕贝尔去世前一年的 1995 年。他在该刊的创刊号上写道："马克思学"一词与德语的马克思研究相当，但它同时标志着与卡尔·马克思的著作及其学派的著作相关的"马克思主义研究"，同时这种马克思主义研究也与它们相互之间所引起的著作相关；在发刊词中明确规定了马克思学的三项任务：（1）了解马克思的著作；（2）批判的分析的评论；（3）文献和图书。② 该杂志计划进一步了解马克思主义者起源，连同历史评论、书目和未出版的翻译，提供文献和佐证，对马克思和马克思主义进行分析研究。③ 吕贝尔对马克思一生所涉及的经济学、哲学和政治学文本编译出版了四大卷，在他所写的长篇导言和所作的文本注释中对马克思和马克思主义等思想进行了评析。吕贝尔在《马克思学研究》上还多

---

① Bongiovanni, B. "Maximilien Rubel", *Telos* 47, 1981, p.170.

② 曾枝盛：《重建马克思学——〈吕贝尔马克思学文集〉导言》，载《马克思主义与现实》，2007 年第 1 期。

③ Bongiovanni, B. "Maximilien Rubel", *Telos* 47, 1981, pp.169-170.

次强调，在他"马克思学"研究方法指导下重新编译马克思著作集的重要性：在第三期前言中说"马克思的巨大思想遗产、他的组织和机构的实际参与、他的众多追随者、他的著作发表的中断历史，缺乏他的全部著作的可靠版本，以及各'马克思主义'流派之间存在着巨大的意识形态距离"；在第五期前言中再次声称"马克思研究的第一步应该是把加在大师著作上的宗教光环去掉"。① 他不止一次地指责苏联编的马克思著作集中对某些著作进行了"净化"处理，对某一些则干脆删去，而他要编辑出版"真正反映马克思本来面目"的著作集。受他的马克思学研究方法保持意识形态独立性和不受学科的局限性的思想影响，从 20 世纪 60 年代起，吕贝尔为法国伽利玛出版社"七星"丛书编译了一套大型的马克思专题著作集四卷，综合了马克思经济学、哲学和政治学等。这套著作集在西方马克思学界很受欢迎，"是马克思全部手稿最后发表之前给专家和严肃研究者提供向导的版本"②。

---

① Bongiovanni, B. "Maximilien Rubel", *Telos* 47, 1981, p.170.
② 杜章智：《一个反马克思主义的"马克思学家"——马·吕贝尔》，载《马列主义研究资料》，1982 年第 5 辑。

二、著作集的编辑特点

作为马克思著作的学者和编辑，吕贝尔马克思著作集版本的鲜明特色，凸显为被选择的文本、长篇导言和大量的注解。伯特尔·奥尔曼认为，吕贝尔版的最重要的特点方面可归纳为14个方面：（1）认为马克思的工作未完成。（2）专注于马克思工作的各种计划，表明马克思希望完成所有计划，但从未达到。（3）"马克思主义"标签的不适当性，蕴含着一套已完成的和过于系统的理论。（4）大力强调称之为马克思的"伦理学"的有关材料，尤其是对共产主义的讨论。（5）认为马克思是一个慷慨激昂的革命者，工人必须自我获得解放。（6）认为马克思也钦佩并可能捍卫资本主义文明的积极成果。（7）相当重视历史背景，尤其是马克思与同时代人的辩论，在那里马克思的著作产生出现。（8）大量使用马克思的笔记本材料，大多数的读者、甚至见多识广的读者都没有见过的作品。（9）马克思思想的辩证统一的明确意识，因此甚至把马克思的著作分为经济学、哲学和政治学，处处面对这种分类并使之合理化（例如，紧随马克思的建议，《共产党宣言》同《哲学的贫困》一起，是阅读《资本论》的很好导言，因此《共产党宣言》出现在经济学卷中）。（10）对马克思留下尚未完成著作的顺序和呈现，同恩格斯形成竞争（七星版的第三卷提供了一个完全不同于恩格斯编辑的《资本论》第二、三卷的翻译作品。虽然吕贝尔所做的很少被证实,这一点有争议,但是对于支持这一修订提出的论点通常是有说服力的)。(11)准确和细微差别的翻译,许多是由吕贝尔本人亲自完成的。(12)详尽的学术配备,利用各种不同马克思版本和几种语言对马克思作品的众多学术解释,涉及马克思时代至我们现今时代的整个时期。(13)非常清晰的写作。(14)始终不渝的信念:如果资本主义幸存更长,人类将不存在。①

奥尔曼就吕贝尔的马克思著作集编辑把文本翻译风格、每一文本所写的说明、每一专题著作集的导言的行文方式和所涉及的问题性质等方面的特点都一一列出,但没有作出更多的解释和论证。在这里,我们不准备对奥尔曼所归纳的上述特点一一作出具体的分析评判,而是试图以此为基点展开对吕贝尔的马克思专题著作集编辑特征的三方面综合性的解释说明和自我判断。

(一) 综合性

吕贝尔的马克思著作集编辑的综合性特点,体现在编译写能力和学识的综合性。

吕贝尔进行长期的卡片记录研究,出版了马克思恩格斯的

---

① Ollman, B. "Review of Rubel's Marx, Oeuvres IV". *MEGA-Studien* 2, 1995, p.127.

著作目录二册，基于对马克思著作文本的自我了解和理解，选录文本供编译。编入文本的大部分翻译由吕贝尔和路易·雅诺韦等共同合作完成；即使少部分由他人翻译，吕贝尔也进行修订，如《资本论》第一卷是由约瑟夫·鲁瓦翻译、吕贝尔修订；甚至有些重要文本是吕贝尔独立翻译的，如《资本论》的第二卷"资本的流通过程"。吕贝尔还对每一文本写了说明性的序言，对文本内容做了大量的说明性注解，在每一卷的卷首写了长篇的导言，综合了长期以来不同马克思著作版本的知识、马克思著作研究的不同学术成就。据了解，吕贝尔早期上学期间至少获得法学、哲学和文学（德国文学）三个学士学位，后来在法国就职教学中又提交了关于马克思著作和思想研究的论文，获得博士学位。着眼于知识面的广度、马克思学识的深度和语言的双面互通性（德语、法语），吕贝尔具备了较强的编译文本和写作说明的综合能力。

吕贝尔文献学最为著名的，也许就是创造了最广泛的马克思作品的非苏联共产主义的版本，作为巴黎伽利玛出版社著名的"七星"系列丛书的一部分出版发行，该版本原计划分四大类六大卷编译文本（经济学二卷、哲学一卷、政治学二卷、书信一卷），实际完成三类四卷（经济学二卷、哲学一卷、政治学一卷）。吕贝尔的哲学类文本的收入年限大部分限定在1847年之前，已编的政治学类文本界定的时间段为1848—1854年，经济学卷中《资本论》文本编辑的修订，尽管有它们的严重缺陷，西方学者常认为这些版本是莫斯科和东柏林的马克思版本的一个重要补充。撇开吕贝尔著作集的局限性不说，我们认为，吕贝尔著作集编选的文本和注解、撰写的文本说明和导言，具有重要的历史价值，对马克思作品整体、马克思版本和马克思传记做出深入、细致、详尽的综合性认识。

（二）传记式

马克思著作集资料提供了马克思生平和著作的传记式研究。法语版四卷本的每一卷平均大约有2000页，以序言、导言和评论性注释的形式包含着大量详细的、博学的马克思生活和作品的评论。例如，就1965年马克思经济学著作第一卷来说，吕贝尔在长达121页导言中就马克思的生活和作品写了一份长长的年表。后来，西方英语世界在此导言的基础上对马克思年表进行扩展并译成英文，分别于1976年和1980年出版了两本著作：《没有神话的马克思——马克思生活和作品的编年研究》和《马克思生平与著作》。

吕贝尔的这份马克思年表逐年叙述马克思的生活经历和作品研究，甚至把马克思的一生划分为六个主要时期，即1818—1843年、1844—1849年、1850—1856年、1857—1863年、1864—1872年和1873—1883年。每一时期又分为编年概要与马克思生活和作品概述两个部分。编年概要部分仅限于马克思一生跨越的1818年至1883年期间欧洲、美洲、亚洲、非洲远东等地发生的全面的历史和文化事件的描述。六个概要介绍了他一生不同时期，每一个概要包括那些在报章杂志上以某种方式被回应的或在其他理论性文本中作出回应的世界事件,历史概要之后是马克思最感兴趣领域的科学进步和已出版重要作品的编年列表。世界事件帮助马克思说明他的理论概念的历史的分析。马克思也不是纯文学的门外汉,除了对某些经典作家如莎士比亚和莫里哀的热情之外,他最喜欢的同时代作家,无疑是查尔斯·狄更斯,这从所列书籍的年表中可见。还有,许多马克思未注意和未感兴趣的作品也包括在其中,吕贝尔认为这些也许存在阐述马克思综合理论知识的独特局限和不足。由于马克思对文化进步的迹象深深地感兴趣,并且他的书信就发明和科学实验的评论比比皆是,所以吕贝尔选择导致现代工业发展的重大发现的科技成果方面众所周知的里程碑来举例说明这种进步。对马克思的生活及作品进行了编年研究:吕贝尔列出马克思1818—1883年每一个时期的主要作品,并试图通过叙述马克思生活经历的各种各样的历史事实给他的活动与影响提供可靠的、当时的描述,将马克思置于历史视野的远景中,给马克思的思想和行动提供合理的历史背景。这份年表的第二部分就每一时期对马克思每一阶段的生活经历和著作思想作了简洁深入的说明。这种个人资料使马克思的个性更清楚。马克思自我陈述他的混乱动荡的生活、他的目标意图,尽管它简要,但传达了马克思社会理论后面的人类和科学前提的认识。马克思本身的著作和讲话是信息的主要来源,使用他的同时代人的信件和意见,添加一个有用的额外的研究维度。例如,通过运用1867年之前的作品及他经常非常明确的致恩格斯和其他人信件，概述了马克思对经济理论和社会分析的根本贡献。

吕贝尔在与马克思年表有关的《马克思生平与著作》的序言和《没有神话的马克思》的导言中一再强调，"这个马克思年表……的目的，就是要给非专业读者提供足够的传记式的真实的资料"①，"这份年表没有打算替换还要被写的马克思的明确的传记，而是奠定基础"②，面对马克思精神和理论遗产的扭曲、破坏马克思的传奇形象，捍卫没有传奇的马克思。吕贝尔并没有最终出版马克思的传记，这份著作集中的年表可看作吕贝尔的马克思传记式研究。

（三）批判性

从上述奥尔曼对吕贝尔著作集的编辑特点的归纳来看，可以看出吕贝尔在编辑过程中具有批判的性质，评判了马克思计划的未完成性、马克思著作的不完整性、无产阶级革命理论与马克思伦理的关系、恩格斯编辑修订《资本论》等。本书另有其处会对这些观点作出具体的分析研究，在这里主要就著作集中两个例子来说明吕贝尔编辑者工作的批判性的学术性质。第一个例子是，吕贝尔就马克思1845年《关于费尔巴哈的提纲》

---

① Maximilien Rubel. *Marx Life and Works*. Translated by Mary Bottomore. Macmillan Press LTD., London and Basingstoke, 1980, preface.

② Rubel, M. and M. Manale. *Marx without Myth*: A Chronological Study of His Life and Work. Basil Blackwell, Oxford and Harper & Row, New York, 1975, p.xi. [English version of the "Chronologie de Marx" in *Karl Marx. Oeuvres. Economie* Vol. 1.]

的原始文本和恩格斯编辑版本之间的几个关键性分歧的讨论。最重要的分歧是,恩格斯编辑版的第十一条写道:"Die Philosophen haben die Welt nur verschieden interpretiert, aber es kommt darauf an, sie zu verändern."①（哲学家们只是用不同的方式解释世界,而问题在于改变世界）。吕贝尔指出,恩格斯作了一个高度可疑的编辑决定,接受在第二个从句上添加表示转折语气的连词 aber（但是,可是,而）②,其中无意中使整个论题比马克思似乎打算的更激进的、反哲学的语气。马克思的原始版本直到1924年才出版。吕贝尔在他的版本中提供这些文本的变种,并在第十一条的注释中写道:"增加连词 aber（但是,可是,而）,恩格斯给予最后论题根本未暗示的相反意义:哲学家们对世界的解释,是过去与现在世界上存在的方式之一。"③

　　作为编辑者工作的批判性的学术性质的第二个例子是,吕贝尔编辑的《资本论》第二卷版本提供了成熟马克思作品中对黑格尔最毫不隐瞒的先前未知的称赞:"我和黑格尔的关系是相当简单的。我是黑格尔的信徒,那些追随者自作主张地闲聊

---

① *Karl Marx. Oeuvres III. Philosophie.* édition établie, présentée et annotée par Maximilien Rubel, 1982, p.1033, p.1717.

② 译文参见潘再平主编:《新德汉词典》,上海译文出版社2000年版,第4页。

③ *Karl Marx. Oeuvres III. Philosophie.* édition établie, présentée et annotée par Maximilien Rubel, 1982, p.1717.

认为它们掩埋了这位伟大的思想家,对于我来说表现得相当可笑。尽管如此,我对黑格尔采取了批判的态度,使他的辩证法摆脱了神秘主义,用这种方式使它经历了改变,等等。"① 吕贝尔批判了恩格斯保留未出版 1870 年手稿中这个重要的片断。实际上,吕贝尔本人是反黑格尔的马克思学者之一,认为黑格尔的思想对成熟的马克思有很少的重要性影响,但是他仍出版了如上面引证的有关黑格尔的评论,不同于恩格斯版的材料。这表明吕贝尔不仅对恩格斯进行比较与批判,而且还具有自我批判的精神。

---

① *Karl Marx. Oeuvres II. Economie Vol. II.* édition établie et annotée par Maximilien Rubel, 1968, p.528.

第三章　吕贝尔编辑的马克思著作经济学卷文本体系评析

马克思生前只有《资本论》第一卷问世，留下大量的经济学手稿，临终嘱托恩格斯"根据这些材料'做出点什么来'"①。恩格斯不负重托，整理编辑经济学手稿，尤其是出版了《资本论》二、三卷。而享有"西方马克思学创始人"声誉的法国马克思学家吕贝尔认为，实际上恩格斯对马克思手稿的编辑出版是一种"修订"，应受到质疑。1965、1968年，吕贝尔编译出版了自己的《卡尔·马克思经济学著作》一、二卷，其中包括《资本论》三卷本。于是，恩格斯是否遵照马克思的遗愿整理经济学手稿和编辑出版《资本论》，这一重要问题再次浮出水面，引发争议，产生了两大派学术观点：苏联学

---

① 《马克思恩格斯全集》第45卷，人民出版社2003年版，第9页。

者卡兹明纳认为"只有马克思的最亲密的朋友和战友才能保证马克思的主要理论著作真正'按马克思的精神'完成"①；而西方学者波吉瓦尼对吕贝尔编辑的马克思经济学手稿作出高度评价，认为"《马克思经济学著作集》两卷的出版建立了真正回到马克思"②。其中，最为重要的争议是对吕贝尔和恩格斯编辑的《资本论》二、三卷版本的评介："路易·雅诺韦把吕贝尔版本称为比恩格斯版本'更严格地选择材料'；吉尔伯特·巴迪亚认为，吕贝尔的文本'并没有不同于恩格斯文本，除了因为它是更不完整'，而且'吕贝尔对恩格斯文本没有增加一条专一的界线'；安德森认为，虽然吕贝尔第二、三卷的文本确实比恩格斯的文本更短，但是巴迪亚声称没有添加一条专一的界线，是错误的。"③ 我们反对盲目提升吕贝尔编辑的《资本论》出版价值，不赞成用其简单取代恩格斯编排的应有历史地位，应充分肯定恩格斯进行辨认字迹、誊清手稿、核对引文、编辑加工以至补充出版《资本论》的极为细致、耗时费力的巨大工作。同时也应看到吕贝尔版的《资本论》扩展了可供研究探讨的空间，因为现有通行的《资本论》篇、章、节的结构体系在相当程度上是恩格斯划分定的，分析比对吕贝尔版

---

① 转引自陈征、严正编：《〈资本论〉创作史研究》，福建人民出版社1983年版，第231页。

② Bongiovanni, B. "Maximilien Rubel", *Telos* 47, 1981, p.159.

③ Anderson, K. "Rubel's Marxology: A Critique". *Capital & Class* 47, 1992, p.81.

和恩格斯版的《资本论》的正文，有着特别重要的意义，有助于我们更全面地了解恩格斯整理马克思手稿的过程，这两种版本的同时存在也使我们有可能更准确地了解马克思《资本论》的原稿，因此我们应认真具体分析吕贝尔编排马克思经济学著作特别是《资本论》的贡献与局限。

一、经济学卷文本体系概况

20世纪60年代，吕贝尔编译了《马克思经济学著作》两卷本，此二卷的文本体系主要围绕着马克思《资本论》第一、二、三卷的文本系列编排而展开的。

（一）吕贝尔的《马克思经济学著作》第一卷[①]

1965年，吕贝尔在《马克思经济学著作》第一卷中编选入的文本是马克思生前已发表过的经济学作品，编排为正文和附录两大类。

正文的第一部分选自1867年《资本论》第一卷出版之前已发表的1847—1865年间的经济学作品，共有八个文本：《哲学的贫困——答蒲鲁东先生的"贫困的哲学"》（1847）、《关

[①] Karl Marx. Oeuvres I. Économie Vol. I. édition établie et annotée par Maximilien Rubel, 1965.

于自由贸易的演说》（1848）、《共产党宣言》（1848）、《雇佣劳动与资本》（1849）、《政治经济学批判的总导言》（1857）、《政治经济学批判》（1859）、《国际工人协会成立宣言与章程》（1864）、《工资、价格和利润》（1865）。

正文第二部分是 1867 年《资本论》第一卷文本系列，具体包括：《马克思致莫里斯·拉沙特尔的信（1872 年 3 月 18 日）》、《莫里斯·拉沙特尔致马克思的信》、《致读者》、《资本论》第一卷第一版序言、《资本论》第一卷德文版第二版跋摘录以及《资本论》第一卷"资本的生产过程"的正文八篇三十三章和对正文中第十章"工作日"、第十五章"机器和大工业"和第二十五章"资本的积累"所做补充的《资本论》附录。

正文第三部分的文本是 1875 年《对德国工人党纲领的批判（哥达纲领）》。

附录包含六个部分文本：关于蒲鲁东的两封信，即《马克思致巴维尔·瓦西里也维奇·安年柯夫（1846 年 12 月 28 日）》和《马克思致约翰·巴普提斯特·冯·施韦泽》（1865）；《共产党在德国的要求》（1848）；《1866 年 9 月日内瓦总委员会第一次代表大会决议》；《论土地国有化》（1872）；《共产党宣言》序言七个版本，即 1872 年德文再版序言、1882 年俄文第二版序言、1883 年德文版序言、1888 年英文版序言、1890 年德文版序言、1892 年波兰文版序言和 1893 年意大利文版序言；《欧根·杜林的政治经济学批判历史》（1877）；《工人调查表》（1880）；《法国工人党纲领导言》（1880）。

（二）吕贝尔的《马克思经济学著作》第二卷①

1968年，吕贝尔就马克思生前未发表的经济学作品而编译的《马克思经济学著作》第二卷编排的文本也按正文和附录的体例进行。

正文第一大类文本是《资本论》第二、三卷编辑之前的四个文本：《1844年经济学哲学手稿》（1844）、《工资》（1847）、《政治经济学批判原理》（1857—1858）和为"经济学"准备的素材（1861—1865）。

正文第二大类文本是《资本论》第二册资料，具体包括：1869—1879年的《资本论》第二卷"资本的流通过程"三篇十三章；1864—1875年的《资本论》第三卷"资本的总过程"七篇二十八章和两个片段"阶级和结论方式"。

附录四个部分文本分别是：《资本论》计划与提要；关于经济学的七封书信，即1851年1月7日、1862年8月2日、1862年8月9日、1863年7月6日和1868年4月22日马克思致恩格斯的五封信及1879年4月10日、1881年2月19日马克思致丹尼尔逊的两封信；八个各式各样的文本，即《需求》（1847）、《马尔萨斯》（1858）、《对阿道夫·瓦格纳政治经济学论文的批判摘录》（1880）、《俄国农村公社和革命前景》

---

① Karl Marx. Oeuvres II. Economie Vol. II. édition établie et annotée par Maximilien Rubel, 1968.

（1877，1881）、《回应米哈伊洛夫斯基》（1877年11月）、《维拉·查苏利奇致马克思的信》、《马克思回复维拉·查苏利奇》、《马克思给维拉·查苏利奇回信》的草稿；恩格斯的四个文本，包括《资本论》第二卷序言、第三卷序言、第三卷序言的补充和《关于利润率周转的影响》。

二、吕贝尔的贡献与局限

（一）从经济学卷文本体系的总体分析角度，看吕贝尔的贡献与局限

从上述对吕贝尔编辑的《马克思经济学著作》两卷的文本编排体系的总体描述看，至少可以从以下几个方面评析吕贝尔的马克思经济学卷文本体系编排的成就和不足。

贡献之一：试图把马克思经济学著作或《资本论》创作文本作文本系列编排，本身就是一个重大贡献。通常流行看法认为马克思《资本论》是一部一卷本或四卷本的著作，这种孤立《资本论》文本系列的理解具有很大的局限性，不能反映《资本论》文本的多样性，也不能反映《资本论》创作的历史过程。吕贝尔在《马克思经济学著作》两卷中收录的马克思经济学文本，它的文本体系编排主要围绕《资本论》三卷的文本系列而展开。从文本编排的篇幅来看，《资本论》一、二、三卷

篇章在整个"经济学"两大卷中占有巨大的版面。《资本论》第一卷、1869—1879 年的《资本论》第二卷"资本的流通过程"和 1864—1875 年的《资本论》第三卷"资本的总过程",这三卷文本的正文、附录的补充及注释合在一起共有 2123 页,占吕贝尔《马克思经济学著作》两卷约 4000 页的总篇幅一半之多。吕贝尔的《马克思经济学著作》两卷的文本体系不仅以《资本论》三卷的文本系列编排为重点;也编排了 1867 年《资本论》第一卷出版之前 1843—1865 年的 12 个经济学文本,为 19 世纪五六十年代《资本论》写作发表准备了资料、奠定了基础;还编排了《资本论》第一卷出版之后马克思晚年继续研究的少量经济学文本,是《资本论》创作后续研究的准备材料。这也就说明了,吕贝尔的马克思经济学或《资本论》文本不是孤零零的一卷本,而是一个丰富的文本系列;《资本论》创作不是一蹴而就的事情,而是一个复杂长期的过程。

贡献之二:经济学或《资本论》创作文本体系编入的首尾文本在文献学史上具有重要地位。吕贝尔《马克思经济学著作》两卷收录的马克思经济学起始文本,追溯到 1844 年巴黎手稿,反映出吕贝尔把《1844 年经济学哲学手稿》作为马克思经济学或《资本论》创作的起点。在这两卷经济学著作集中,吕贝尔对马克思晚年笔记文本有所涉及,虽数量不多,但将其归入了马克思经济学文本或《资本论》创作系列。吕贝尔把这一前一后文本归入马克思经济学或《资本论》创作文本体系在马克思著作相关重要文献史上具有重要意义。在吕贝尔出版《马克思经济学著作》两卷之前,也就是1968年之前,马克思著作书目中比较重要的有梁赞诺夫首倡的 MEGA¹ 书目(1927—1935)、俄文第一版书目(1928—1948)和俄文第二版书目的前39卷(1955—1968)。MEGA¹ 是1927年开始出版的,最早由梁赞诺夫负责,至1931年,由阿多拉茨基继任主持编辑工作,其中收录《1844年经济学哲学手稿》,但《资本论》及其手稿、马克思晚年笔记等重要论著未来得及出版。俄文第一版书目(1928—1948)没有收录《1844年经济学哲学手稿》和马克思晚年笔记。俄文第二版书目出版分为两个阶段:1955—1968年出版了前39卷;1968—1975年补充了后11卷。而《1844年经济学哲学手稿》和马克思晚年部分笔记也是在1968年后的补充部分第42卷和第45卷中才出现。上述表明,在吕贝尔的《马克思经济学著作》发表的1968年之前,就是发表在梁赞诺夫和阿多拉茨基共同努力主持的 MEGA¹《1844年经济学哲学手稿》在苏联马克思著作书目的重要文献中仅有一次公开发表,虽然当时阿多拉茨基命名为《政治和国民经济学批判——〈资本论〉。1844—1848年手稿》① 不够确切,但把它同《资本论》创作联系起来。吕贝尔在编入马克思经济学著作集、尤其《资本论》文本系列中,继承梁赞诺夫等的这一传统编辑思想原则。此外,不管是 MEGA¹ 书目、俄文第一版

---

① [苏]弗·阿多拉茨基主编:《马克思生平事业年表》,生活·读书·新知三联书店1977年版,第665页。

书目，还是俄文第二版书目的 1968 前的 39 卷，都没有注意到晚年马克思笔记的重大意义，而 MEGA² 书目总体框架的四分结构中第四部分第一次准备系统发表马克思大量读书笔记。因此，1968 年之前，吕贝尔的马克思经济学著作两卷中都已编入马克思晚年部分笔记，应该说在马克思著作目录文献史上，吕贝尔将马克思晚年笔记纳入《资本论》创作文本系列，有力地说明了马克思晚年研究是《资本论》创作的继续，吕贝尔的这一编辑思想体系具有不可磨灭的功绩。

贡献之三：把《资本论》书信列入经济学或《资本论》创作文本系列，为理解《资本论》创作提供了一把钥匙。从吕贝尔的马克思经济学文本体系中可以发现，吕贝尔将经济学书信也编入其中，编译了 16 封书信文本。另外，吕贝尔的马克思经济学著作第二卷（1868 年）文本正文编排之前的卷首，是吕贝尔作的长篇导言和摘要，其中大量的引文和注释来自书信，尤其是导言的第二部分"'经济学'：对文明的批判"的引文注释中仅 1851 年的书信就有 18 条，导言第三部分"'经济学'计划及其意义"引文注释 129 条中就有 70 条来自书信，卷首编选入"马克思在经济学上科学发现的摘要"18 条内容中八条摘录自书信。这些经济学书信与马克思《资本论》创作密切相关，数量虽然比不上中央编译局 1976 年中文版《马克思恩格斯〈资本论〉书信集》收录的 410 封书信之多，但也为理解马克思《资本论》创作提供了一把钥匙，可以帮助我们更好地理解《资本论》创作的历史背景、《资本论》创作方法和逻辑起点与黑格尔《逻辑学》的内在紧密联系、《资本论》总体结构及其内在演化历程。吕贝尔认为，1857年是马克思研究"经济学"新起点，马克思开始加速写作"《资本论》部分最重要的第一个草稿"①，即《政治经济学批判大纲》。吕贝尔通过引述马克思与恩格斯（1857年11月13日、1857年12月8日、1857年12月18日）、拉萨尔（1857年12月21日）之间的四封信，阐明马克思又回到"经济学"研究的思想产生于1857年美国及全球危机。吕贝尔指出，1858年1月14日马克思致恩格斯的信中说明了一个幸运的机会使马克思阅读到黑格尔的《逻辑学》，这对马克思阐述创作方法的选择方面是十分有利的，马克思对他的方法论进行了反复思考并加以概括，把他的研究成果列成了一个"逻辑性的提纲"②。"经济学"计划"从一个导言开始，进而确定整个体系的方向和计划是合乎逻辑的"，导言"有一个特征是它将直接面对黑格尔的方法与零星地运用黑格尔的形式结合起来"③。吕贝尔还引用马克思书信一些重要段落，论证《资本论》创作结构经历了从六册至

---

① 《吕贝尔马克思学文集》（上），曾枝盛编选，郑吉伟、曾枝盛等译，北京师范大学出版社2009年版，第176页。

② "逻辑性的提纲"指的是1857年《〈政治经济学批判〉导言》"五篇构想"，具体内容参见《马克思恩格斯选集》第2卷，人民出版社1995年版，第26页。

③ 《吕贝尔马克思学文集》（上），曾枝盛编选，郑吉伟、曾枝盛等译，北京师范大学出版社2009年版，第177页。

三卷或四卷这一演化过程：1858年2月22日，马克思和拉萨尔的通信中说明了"经济学"的六册计划；1858年3月11日，马克思再次致信拉萨尔透露"经济学"的六册计划及其"第一分册"计划以及"资本一般"又细分为三部分，作为将来《资本论》三卷的材料；吕贝尔引证1865年7月31日马克思致恩格斯的信来说明，在理论部分三卷结构之外，加上历史部分，作为《资本论》第四卷。但吕贝尔认为《资本论》创作总体结构"六册"并未发生变化，"马克思保留了1859年六册计划的全部内容"①。"六册计划"未完成的原因之一是研究对象和深度的不断丰富扩展，吕贝尔列举的"关于经济学的7封书信"，主要说明马克思为《资本论》创作进行大量的研究准备工作——地租理论、利润问题、社会再生产理论和经济危机问题。

局限之一：经济学或《资本论》创作文本体系中，马克思晚年《资本论》创作文本不充分。吕贝尔编排的《马克思经济学著作》以《资本论》三卷本为核心，前有早年经济学文本作创作铺垫，后又有晚年创作文本的延伸，但同时也应看到吕贝尔编入的马克思晚年笔记文本不够充分，编入的文本主要有《论土地国有化》（1872）、《哥达纲领批判》（1875）、《俄国农村公社和革命前景》（1877，1881）及马克

---

① 《吕贝尔马克思学文集》（上），曾枝盛编选，郑吉伟、曾枝盛等译，北京师范大学出版社2009年版，第196页。

思与维拉·查苏利奇的通信，还有《人类学笔记》《马克思历史学笔记》等都未编入。1991年之后一段时期，吕贝尔担任了 MEGA 咨询委员会成员后又辞职，在 1995 年的一次采访中，道出辞职的缘由，从中也体现了他对马克思晚年笔记编辑思想原则的看法："不同意一些编辑原则，特别是没有计划重新编辑马克思主义—列宁主义时期已出版的卷集""反对 MEGA 计划出版大多数马克思书籍和文章的笔记和摘录，这些素材与已经出版的人类学笔记本有类似的结构"。①

局限之二：遵循历史主义原则编排经济学文本体系，对《资本论》文本体系创作过程把握不够。吕贝尔编排马克思经济学著作两卷遵循历史主义原则，第一卷是马克思当年已发表的经济学文本，第二卷是马克思生前未发表而去世后才出版的经济学文本。吕贝尔这样编排的两卷本，各有 19 世纪四十年代至六十年代及晚年各个阶段的文本，形成两套材料，没有考虑将两卷文本按写作时间过程统一在一起，这样很难具体而完整展现马克思创作《资本论》的具体历史过程。这也就反映出吕贝尔对马克思《资本论》文献创作过程理解把握不够。实际上，可以按《资本论》创作过程四个阶段来编排吕贝尔的马克思经济学文本系列：早期 19 世纪 40 年代经济学文本结集归入《资本论》创作起步铺垫阶段；中前期经济学文本结集归入主

---

① Anderson, Kevin. "Maximilien Rubel, 1905–1996, Libertarian Marx Editor". *Capital & Class* 62(1997).

要以《资本论》创作突破的手稿创作阶段；中后期经济学文本集结归入主要以《资本论》三卷创作阶段；晚年少量经济学文本集结归入《资本论》创作续篇。① 这里还值得一提的是，吕贝尔把《资本论》创作的《1861—1863年手稿》和《1863—1865年手稿》合在一起编排为《1861—1865年为"经济学"准备的素材》，也许会再次引发学界的争议。学界通常认为《资本论》创作的三大手稿是《1857—1858年手稿》《1861—1863年手稿》和《1863—1865年手稿》。对于《1863—1865年手稿》，马克思本人未注明写作日期，引发了学者的研究考证，曾产生了不少争论。而吕贝尔更不同的是，把1861—1863年和1863—1865年这两个时间阶段手稿简化统合为《1861—1865年为"经济学"准备的素材》，这一编排特点的优劣有待进一步研究。

（二）与恩格斯《资本论》版本比较②，看吕贝尔的贡献与局限

《马克思经济学著作》第二卷卷首有吕贝尔写的长达132页的"导言"，重新审视梁赞诺夫的工作，对马克思遗著的柏

---

① 这种划分方法借鉴了我国学者王东"《资本论》创作40年，四个阶段"思想。参见王东：《马克思学新奠基——马克思哲学新解读的方法论导言》，北京大学出版社2006年版，第311—315页。

② 关于《资本论》第二、三卷恩格斯版与吕贝尔版篇章目录对照表译文，参见本书附录一、附录二。

林和莫斯科的"官方"版本产生疑问,推翻了恩格斯《资本论》第一、二、三卷的编法,重新调整了《资本论》三卷的篇章结构编排划分,对一半以上篇章标题名称作了重新考虑,大幅度淘汰有些章节段落,甚至重新选取他认为更有意义的文本更换了恩格斯版的段落文字。比较分析恩格斯与吕贝尔编辑的《资本论》,可以从中发现吕贝尔对马克思《资本论》编辑的功过得失。

第一大贡献是吕贝尔依据马克思法文版而编排的《资本论》第一卷反映了马克思法文版与恩格斯版的一些重要文本变化。马克思《资本论》第一卷法文版在各种存在的版本中具有重要的地位和价值。1872 年 6 月 21 日马克思致信左尔格说,法文本的"扉页上印有全部经作者校订的字样,这绝不是毫无意义的空话,因为我确实付出了艰苦的劳动"[①]。马克思在致读者(法文版跋)中又说,法文版"在原本之外有独立的科学价值"[②]。吕贝尔依据马克思法文版,在《马克思经济学著作》第一卷中发表了作了极好注释的《资本论》第一卷的法语版本。相比于恩格斯版,总的来说,吕贝尔的版本比较忠实于马克思的《资本论》法文版,包含了一些不同于恩格斯版的重要篇章段落。一个重要的例子,即马克思法文版第 26 章"原始积累的秘密"的结束句,就足以说明这个问题的重要性。在恩

---

① 《马克思恩格斯〈资本论〉书信集》,人民出版社 1976 年版,第 325 页。

② 《马克思恩格斯全集》第 44 卷,人民出版社 2001 年版,第 27 页。

格斯版本中写道:"这种剥夺的历史在不同的国家带有不同的色彩,按不同的顺序在不同的历史时代通过不同阶段。只有在英国,它才具有典型的形式,因此我们拿英国作例子。"① 在以马克思法文原版为基础的吕贝尔版本中,这同一段落内容不同:"这种剥夺只是在英国才彻底完成。因此,英国必然在我们的概述中占着主要的地位。但是,西欧的其他一切国家都正在经历着同样的运动,虽然因环境不同而具有不同的地域色彩,或者局限在较窄的范围内,或者特征不是那么明显,或者过程的顺序不同。"② 俄国女革命家查苏利奇问资本主义是否是未来俄国不可避免的,马克思在给她的回信中引用上述法文版,并写道:"可见,这一运动的'历史必然性'明确地限于西欧各国"。③在《资本论》的上述段落的注释中,吕贝尔提请注意这些文本变体:"德文版中未包括的最后一句是本章的重要的补充之一。查苏利奇急于从《资本论》作者那里发现,农村公社是否有机会在俄国幸存……马克思在1881年3月8日给她的回信中谈及这段文章。"④ 吕贝尔说,《资本论》第一卷现

---

① 《马克思恩格斯全集》第44卷,人民出版社2001年版,第823页。

② Karl Marx. *Oeuvres I. Économie Vol. I.* édition établie et annotée par Maximilien Rubel,1965,pp.1170-1171.译文参见[德]马克思:《资本论》,中国社会科学出版社1983年版,第770页。

③ 《马克思恩格斯〈资本论〉书信集》,人民出版社1976年版,第379页。

④ Karl Marx. *Oeuvres I. Économie Vol. I.* édition établie et annotée par Maximilien Rubel,1965,p.1701.

有的英语版和德语版从来没有包括、甚至未提到恩格斯版和马克思法文原版之间的这一重大的文本变体。恩格斯省略了马克思曾在法文版中介绍的一些新方面，因为马克思学术研究往往倾向于将马克思和恩格斯实质上视为同一个人，所以马克思这些作品已经模糊了。

第二大贡献是吕贝尔编排的《资本论》第二、三卷比恩格斯版的逻辑结构更清晰和马克思的危机理论更凸显。《资本论》第二、三卷编排的两个重要的文本变化体现了吕贝尔《资本论》版本存在的重要意义。一是吕贝尔常在篇章正文内容阐述之前和之后分别编排入导言和结论。譬如：《资本论》第二卷第二篇的章节前增加了一个导言"周转的概念"；第二卷第三篇章节之前插入一个导言，导言的两小节内容是合并恩格斯版第十八章导言中"研究的对象"和第十九章"前人的学说"；第三卷第三篇第十五章"规律的内部矛盾的展开"改为第三篇的结论"规律的内部矛盾"。吕贝尔认为马克思在阐述章节的理论内容之前，应把概念、研究对象和一些前人的理论学说独立出来，事先阐明以对将要阐述的问题作理论铺垫，章节的末尾形式上应更突出结论性的内容，这显示了马克思文本的逻辑结构层次的合理性。二是吕贝尔突出马克思的"危机"概念。在马克思的法文版和恩格斯版的第一卷第七篇第二十三章第五节"资本主义积累一般规律的例证"中，马克思阐述了"危机对工人阶级中报酬最优厚的部分的影响"，但我们仔细考察恩格斯版的第二、三卷①篇章节标题，未发现"危机"的字眼。而吕贝尔版在这两卷中再次强调了马克思的危机概念并增添了相应的内容，例如：吕贝尔把恩格斯版第二卷第二篇第九章"预付资本的总周转。周转的周期"改为第六章"周转的周期。危机"；把恩格斯版第三卷第五篇第二十八至三十二章合并为第十七章"货币资本的积累和危机"，把原来的章对应或合并为第十七章的四节，并增添第五节内容"利息率的变化和危机"。在这里，吕贝尔突出马克思的危机概念，分析了危机与资本周转、资本积累、利息率变化的关系，强调马克思对资本主义发展过程中存在和发生的危机的描述和预测，这对于我们从马克思的理论学说中分析新时期影响全球的金融危机，显得尤其重要，可提供集中阅读分析研究马克思的危机观，寻找当代解决危机问题的启发和借鉴意义。

与恩格斯版《资本论》比较，吕贝尔采取不同于恩格斯的方式方法编辑的《资本论》第一、二、三卷也存在很大缺憾：为了符合自己的编辑体系，吕贝尔大幅度调整篇章结构和删减内容。吕贝尔对《资本论》第一卷的修订程度还算是细微的，篇章节的结构编排的变化只是将章改为篇、节改为章，移动节的位置放置在附录中，并未大幅度删减内容，但是从恩格斯版

---

① 这里所考察的文本是：《马克思恩格斯全集》第45、46卷，人民出版社2003年版。

与吕贝尔版对《资本论》二、三卷的编排比照①看，吕贝尔对《资本论》二、三卷的编排作了大范围的调整与删节，远远更成问题。《资本论》第二卷恩格斯版共三篇二十一章，吕贝尔版三篇第十三章，减少了八章，篇章结构安排划分和删减的内容分别为：合并恩格斯版第一、二、三章为吕贝尔版第一章，减少两章；第七章改为第二篇的导言，减少一章；合并第十、十一章为第七章，减少一章；合并第十二、十三、十四章为第八章，减少两章；合并第十八、十九章为第三篇的导言，减少两章。吕贝尔大幅度调整篇章结构编排和删减内容主要表现为《资本论》第三卷，恩格斯版共七篇五十二章，吕贝尔版共七篇二十八章二个片段，减少二十四章，多出二个片段。从恩格斯版与吕贝尔版的篇章结构编排划分的比较中看出，删减的内容有的直接体现在篇章标题名称的变化中，有的反映在所合并掉章节的内容中。第一篇"剩余价值转化为利润和剩余价值率转化为利润率"改为"剩余价值转化为利润"，删减了"剩余价值率转化为利润率"内容，同时去掉相应部分内容的第二章"利润率"和第四章"周转对利润率的影响"及第七章"补充说明"，减少了三章。第二篇合并第十一、十二章"工资的一般变动对生产价格的影响""补充说明"为第八章"补充意见"，减少一章。第三篇第十五章"规律的内部矛盾的展开"

---

① *Karl Marx. Oeuvres II. Economie Vol. II.* édition établie et annotée par Maximilien Rubel, 1968, pp.503-504, pp.869-873.

改为第三篇的结论"规律的内部矛盾",减少一章。第四篇"商品资本和货币资本转化为商业资本和金融资本(商人资本)"改为"商人资本",合并第十六、十七、十八章"商业资本""商业利润""商人资本的周转。价格"为第十一章的三个部分,减少二章。第五篇"利润分为利息和企业主收入。生息资本"改为"生息资本",去掉利息和企业主收入关系、货币资本和银行资本等部分内容。具体表现为:合并第十六、十七、十八章"商业资本""商业利润""商人资本的周转。价格"为第十一章的三个部分,减少二章。合并第二十二、二十三、二十四章"利润的分割。利息率。'自然'利息率""利息和企业主收入""生息资本的拜物教"为第十五章"利润的分割",减少二章。合并第二十五、二十六、二十七章"信用和虚拟资本""货币资本的积累,它对利息率的影响""信用在资本主义生产中的作用"为第十六章"信用",减少二章。合并第二十八至三十二章"流通手段和资本。图克和富拉顿的见解""银行资本的组成部分""货币资本。现实资本Ⅰ、Ⅱ、Ⅲ"为第十七章"货币资本的积累和危机",减少四章。合并第三十三至三十五章"信用制度下的流通手段""'通货原理'和1844年英国的银行立法""贵金属和汇兑率"为第十八章"流通、信用和交换",减少二章。第六篇删减"级差地租"大部分内容,将第三十八至四十四章阐述级差地租概念、形式和变化情况部分归纳合并为第二十一章"级差地租",减少六章;第四十六章删节掉建筑地段的地租和矿山地租的内容，标题直接简化为"土地价格"。第七篇删去第五十二章"阶级"，将它归为片段，并在文末增添一个片段"结束的方式"，少了一章，多了两个片段。从比较分析中可看出，吕贝尔的《资本论》第二、三卷版本明显具有更大的缺陷，因为在这里吕贝尔为了符合自己的编辑体系，随意地拿掉一些恩格斯从马克思 1883 年过世时留下的未完成作品中选择的其他手稿。

第四章　吕贝尔编辑的马克思著作哲学卷文本体系评析

马克思在哲学方面的论著，究竟有哪些主要文本？马克思本人未留下自己哲学主要代表作的书目。吕贝尔对马克思哲学文本进行研究梳理，同一年两次编选马克思哲学著作书目，反映了吕贝尔关于马克思哲学文本体系的前后思想变化。1982年吕贝尔编辑了《马克思哲学著作》①，之后很快他又和路易·雅诺韦从《马克思经济学著作》第一、二卷和《马克思哲学著作》中选取文本，合编了《卡尔·马克思哲学》②。在这里，笔者把吕贝尔关于马克思哲学文本的两卷简称为正卷和补卷。

---

① *Karl Marx. Oeuvres III. Philosophie.* édition établie, présentée et annotée par Maximilien Rubel, 1982.

② *Karl Marx. Philosophie.* édition établie et annotée par Maximilien Rubel, 1982.

一、哲学卷文本体系概况

吕贝尔编写的马克思哲学文本的正卷所选入的文本分为三个大部分进行编排：作者生前出现的著作、作者死后出版的作品和附录。

正卷第一大部分"作者生前出现的著作"有六大类文本。第一大类收录1841年马克思博士论文《德谟克利特的自然哲学和伊壁鸠鲁的自然哲学的差别》。第二大类的主题是"新闻自由和人的自由权"，编选入马克思1842—1843年的11个文本：《评普鲁士最近的书报检查令》《第六届莱茵省议会的辩论》《〈科隆日报〉第179号的社论》《历史法学派的哲学宣言》《共产主义和奥格斯堡〈总汇报〉》《第六届莱茵省议会的辩论。关于林木盗窃法的辩论》《再谈谈奥·弗·格鲁培博士的小册子〈布鲁诺·鲍威尔和大学的教学自由〉1842年柏林版》《关于离婚法的草案》①、《评奥格斯堡〈总汇报〉第335和336号论普鲁士等级委员会的文章》《〈莱比锡总汇报〉

---

① 收录了《莱茵报》1842年11月15日和12月19日的《论离婚法草案》和《〈莱茵报〉编辑部为〈论离婚法草案〉一文所加的按语》两个文本。

的查禁》① 和《〈莱茵—摩泽尔日报〉是宗教法庭的大法官》。第三大类的主题是"货币、国家与无产阶级",编选入马克思1843—1844年间的四个文本:《1843年的一封书信》《论犹太人问题》《〈黑格尔法哲学的批判〉导言》和《评一个普鲁士人的〈普鲁士国王和社会改革〉一文》。第四大类是马克思和恩格斯1845年的《神圣家族,或对批判的批判所做的批判。驳布鲁诺·鲍威尔及其同伙》。第五大类是1847年"'真正的社会主义'的历史编纂学"。第六大类的主题是1847年"自由主义与革命",编选入两个文本:《"莱茵观察家"的共产主义》和《道德化的批评和批评化的道德。论德意志文化的历史,驳卡尔·海因岑》。

正卷第二大部分是"著作者死后出版的作品",分四大类文本。第一大类是马克思1839—1840年的"伊壁鸠鲁哲学"学习笔记。第二大类是1843年《黑格尔法哲学批判》。第三大类的主题是1845年的"就人类社会组织而言国家的废除",所编选入的文本有四个:《黑格尔现象学的结构》《国家废除与文明社会》《关于费尔巴哈的提纲》和《劳动分工与思想体系》。第四大类是1845—1846年《德意志意识形态》。

正卷第三大部分是附录,编选入17个文本:1835年"两

---

① 收录了《莱茵报》1843年1月1、4和8日的《〈莱比锡总汇报〉在普鲁士邦境内的查禁》《〈莱比锡总汇报〉的查禁和〈科隆日报〉》和《答一家"中庸"报纸的攻击》三个文本。

篇中学毕业作文"即德语作文和宗教作文、1837 年"马克思给父亲的信"、1837—1841 年"诗歌"、1839—1840 年"黑格尔自然哲学纲要"、1842 年"中央集权问题"、1842 年 11 月 8 日《莱茵报》"对汉诺威的自由异议"、1842 年《莱茵报》"公社改革与《科隆日报》"、1843 年 1 月《莱茵报》"摩泽尔记者的辩护"、1843 年 1 月"评内阁诏令的指控"、1843 年 12 月 11 日《和平民主》"阁马克思申明"、1845 年"关于弗里德里希名单"、1846 年"真正的社会主义"、1846 年《社会明镜》杂志"珀歇论自杀"、1846 年 5 月 11 日"反对赫尔曼·克里格的通报"、1846 年"马克思—蒲鲁东的对话录"、1846 年 6 月 15 日"乌珀塔尔［德意志联邦共和国］共产党人训令"、1861 年"黑格尔存在逻辑纲要"。

吕贝尔的马克思哲学文本补卷编录了九大类文本：第一大类是 1835 年德语作文《青年在选择职业时的考虑》；第二大类是 1843—1844 年"货币、国家与无产阶级"中的四个文本；第三大类是 1844 年巴黎手稿即《经济学与哲学手稿》；第四大类是 1845 年"就人类社会组织而言国家的废除"的四个文本；第五大类是 1845 年《神圣家族，或对批判的批判所做的批判。驳布鲁诺·鲍威尔及其同伙》；第六大类是 1845—1846 年《德意志意识形态》；第七大类是 1848 年《共产党宣言》；第八大类是《政治经济学批判》，包括 1857 年《〈政治经济学批判〉导言》和 1859 年《〈政治经济学批判〉序言》；第九大类是《资本论》，包括 1867 年《资本论》第一版序言和 1873 年德文第二版跋摘要。

总的来看，吕贝尔的马克思哲学著作的正补两卷文本在编排形式上有两个大同小异的基本点：第一，卷首有编者写的长篇导言，卷尾有注释，人名、书目和概念索引等；第二，正文编排专题与编年相结合，每一专题开头有个简要的说明，对于同一个专题下有多个文本的，又按时间上的年月进行编排。从编选入的文本的规模和内容上看，补卷比正卷少，就算五个相同专题的文本，在编排内容上也基本作了适当规模的删节，但是补卷对马克思哲学文本作了四个新的补充：《1844年经济学哲学手稿》；《共产党宣言》；《政治经济学批判》，包括1857年《〈政治经济学批判〉导言》和1859年《〈政治经济学批判〉序言》；《资本论》，包括1867年《资本论》第一版序言和1873年德文第二版跋摘要。

二、吕贝尔的贡献与局限

那么，如何评价吕贝尔的马克思哲学卷文本体系的功过得失？我们认为，既不能采取不加分析的全盘肯定态度，也不能采取简单化的大批判做法，而应进行实事求是的具体分析，科学地评判其历史贡献与历史局限。

吕贝尔的马克思哲学文本体系具有不可取代的三大历史贡献：

第一大贡献在于它是马克思哲学文本体系构架的最初尝试和最早阐发。应该说，在马克思主义哲学史上，吕贝尔较早地确定了马克思哲学的文本，编出了第一份马克思哲学卷，再现了马克思哲学文本体系，具有开创性的意义。吕贝尔的马克思哲学文本正补卷的卷首有编者写的序言和长篇导言，卷尾附有注释和索引。序言和导言注重说明和分析马克思哲学文献产生的时代背景和马克思哲学形成的具体历史条件，注释和索引也为理解马克思哲学文献提供了辅助作用。

第二大贡献是其重视马克思早期具有哲学奠基与起点意义的文本。过去苏联模式哲学教科书体系的流行看法是：马克思哲学创新仅限于19世纪40年代早期著作，而对马克思40年代的早期著作，又往往以《神圣家族》文本作为划分"不成熟著作"与"成熟著作"分界点的标志，将它之前的《黑格尔法哲学批判》及其导言、《1844年经济学哲学手稿》等重要哲学文本都列入马克思哲学创新过程中的"不成熟著作"，只是把它之后的《关于费尔巴哈提纲》和《德意志意识形态》第一章列入马克思哲学创新"成熟著作"系列。而从吕贝尔的马克思哲学文本体系可看出：吕贝尔的马克思哲学文本最早追溯到马克思1835年两篇中学毕业论文，即德语作文和宗教作文，也包括《黑格尔法哲学批判》导言及其手稿、《1844年经济学哲学手稿》等早期对马克思哲学形成有铺垫和起点意义的重要哲学文本。

第三大贡献是其视《资本论》及手稿既为经济学著作，也为哲学著作。当代西方世界的流行著作，多半只把中年马克思创作的《资本论》列为经济学著作，而不作为哲学著作。与西方世界总的流行看法相比，吕贝尔的马克思哲学文本体系补充了《资本论》及其手稿，如1857年《〈政治经济学批判〉导言》和1859年《〈政治经济学批判〉序言》，1867年《资本论》第一版序言和1873年德文第二版跋摘要。这些文本原来被编选入《马克思经济学著作》第一、二卷，而后来又被编入吕贝尔马克思哲学著作的补卷，这说明吕贝尔不仅将《资本论》及其手稿视为马克思经济学著作，而且也看作马克思哲学著作。

当然，我们也不赞成毫无分析地拔高其历史地位，在充分肯定其巨大历史意义的前提下，我们也应当实事求是地具体分析其历史局限，主要表现在以下两个层面：

一是吕贝尔的马克思哲学文本体系存在体系不系统、重点突出不够的问题。吕贝尔马克思哲学卷的主卷即正卷按"作者生前出现的著作、著作者死后出版的作品和附录"三个大部分进行编排，这种按生前与死后、发表与未发表及附录编排的体系，实际上没有完成一个完整的系统文本体系，是一个不成体系的体系。另外，这个体系中马克思哲学文本的编选没有经过仔细比较，分出主要著作与次要著作，重点突出不够。我们既不能把马克思哲学理论空间仅仅归结为某一个时期、某一部论著，也不能不分主次地到马克思全部文献中去寻找马克思哲学实质，而是应在系统全面研究马克思文献基础上，提供一个

"马克思哲学精选要目"——找出马克思哲学的文本系列,几部主要的代表作,这主要体现在马克思哲学创新一生历程的三大时期、十大文本的总和之中。①

二是其没有给予晚年笔记相应的地位。过去苏联、西方学界总的流行看法认为,晚年马克思笔记表现为"慢性死亡论""不可饶恕的学究气"。遗憾的是,吕贝尔的马克思哲学文本体系,也没有收录马克思晚年四组笔记。究其原因,这与吕贝尔对马克思晚年笔记的认识不足和过低评价有关。1991年以来的一段时期,吕贝尔曾担任重新组织的MEGA咨询委员会的成员,但是他最后从MEGA委员会辞职了。在1995年的采访中,吕贝尔指出他不同意一些编辑原则,其中就表明"反对MEGA方案去出版与已经出版的民族学笔记有类似结构的书籍、论文和资料的大多数笔记和摘录",赞同梁赞诺夫的看法,即"出版马克思全部摘录笔记(多于200卷)是无用的。这些笔记只是简单的复制,经常对他所阅读的缺乏个人的观察"。② 实际上,马克思哲学创新贯穿其一生历程,晚年笔记是他为写出"《资本论》续篇"而作的准备材料,是他哲学创新的最后升华期。

---

① 王东:《马克思学新奠基——马克思哲学新解读的方法论导言》,北京大学出版社2006年版,第294页。

② Anderson, Kevin. "Maximilien Rubel, 1905–1996, Libertarian Marx Editor". *Capital & Class* 62(1997).

第五章　吕贝尔编辑的马克思著作政治学卷文本内容评析

吕贝尔原计划出版两大卷马克思政治学著作,但由于1996年去世,只在1994年发表了《马克思政治学著作》第1卷①（总6卷中第4卷）,正因为如此,在这里我们还不能对吕贝尔的马克思政治学卷文本体系作出全面的评估,只能就已出版的政治学卷文本内容作出描述与评析。作为研究马克思著作的学者和编辑,吕贝尔的所有显著特点都展示在他一生作品的顶点即1994年马克思著作第四卷的考查中,给予读者估量他全部方法和贡献提供了一个有利的判断。该卷的主要内容有两大部分:一是吕贝尔写的14页前言（告读者）、113页导言、566

---

① *Karl Marx, Oeuvres IV. Politique I.* édition établie, présentée et annotée par Maximilien Rubel, 1994.

页文本出版说明和就文本中内容所做的注释等；二是 1039 页文本的 11 个主要部分和一个附录。这卷文本主要集中于 1848—1854 年间马克思的政治作品，涉及的问题有：新旧 MEGA、哲学通向马克思政治理论的关系与每一精选文本的背景环境和内容等。

一、政治学卷文本内容概况

吕贝尔关于马克思政治学著作的文本内容共分为 11 个主要部分和 1 个附录：

第一部分主题为"欧洲的革命与反革命"，收集了 1848—1849 年在《新莱茵报》上发表的文章，共有 61 个文本：《作为序言。共产党在德国的要求》《康普豪森在 5 月 30 日会议上的申明》《康普豪森内阁》《康普豪森内阁的垮台》《六月革命》《马拉斯特和梯也尔》《办事内阁》《法庭对〈新莱茵报〉的审讯》《普鲁士出版法案》《废除封建义务的法案》《俄国的照会》《蒲鲁东反对梯也尔的演说》《马克思和普鲁士国籍之间的矛盾》《危机和反革命》《维也纳革命》《"科伦革命"》《〈法兰克福总邮报〉和维也纳革命》《弗里德里希-威廉四世答市民自卫团代表团》《〈改革报〉论六月起义》《英法在意大利的调停》《巴黎〈改革报〉论法国状况》《维也纳革命和〈科伦日报〉》《维也纳、柏林和巴黎的最后消息》《反革命在维也纳的胜利》《柏林的危机与反革命》《卡芬雅克先生［卡芬雅克和六月革命］》《莱茵省民主主义者区域委员会的呼吁书》《内阁在被告席上》《良心的忏悔》《打倒捐税！！！》《呼吁书》《市政府》《呼吁书》《评勃兰登堡-曼托伊费尔内阁就拒绝纳税问题发布的公告》《检察长和〈新莱茵报〉》《法兰克福议会》《到处戒严！》《曼托伊费尔和中央政权》《对〈新莱茵报〉提出的三个诉讼案》《意大利的革命运动》《德国教授们的可耻行径》《反革命政变》《资产阶级和反革命》《〈新莱茵报〉的诽谤》《革命运动》《资产阶级的文件》《巴黎状况》《〈新莱茵报〉审判案》《对民主主义者莱茵区域委员会的审判》《拒绝纳税案》《拉萨尔》《罗马宣布成立共和国》《英国士兵的誓言》《霍亨索伦王朝的丰功伟绩》《十亿》《三月革命》《法兰西共和国对外政策》《新的军法宪章》《〈新莱茵报〉被勒令停刊》《致科伦工人》和《六月十三日》。

第二部分是1848年至1850年法兰西阶级斗争，含有5个文本：《1848年至1849年》《1848年的六月失败》《1849年6月13日》《1849年六月十三日事件的后果》和《1850年普选权的废除》。

第三部分是1850年《新莱茵报。政治经济评论》上的政治与文学专栏中7个文本：《评基佐〈英国革命为什么会成功？〉》《评科西迪耶尔公民从前的警备队长阿·谢努的〈密谋家〉。评律西安·德拉奥德的〈1848年2月共和国的诞生〉》《1850年1月至2月评论》《1850年3月至4月评论》

《路易·拿破仑和富尔德》《1850年5月至10月评论（节录）》和《1848年11月4日通过的法兰西共和国宪法》。

第四部分是1852年《路易·波拿巴的雾月十八日》文本7个章节和1869年的第二版序言。

第五部分是1850年至1853年"共产主义者联盟的结束"专题文章，共有10个文本：《中央委员会告共产主义者同盟书（1850年3月）》《世界革命共产主义者协会（1850年4月中旬）》《中央委员会告共产主义者同盟书（1850年6月）》《声明》《声明》《科隆诉讼》《科隆诉讼［关于革命信条］》《关于科隆审判结束声明》《呼吁帮助科隆判处的无产阶级代表和他们家庭》和《赫希的自白》。

第六部分是1853年《揭露科伦共产党人案件》文本七个章节和1875年《揭露科伦共产党人案件》一书第二版跋。

第七部分是1854年《高尚意识的骑士》文本。

第八部分是1852—1854年"英国编年史"专栏文章，包括9个文本：《英国的选举。——托利党和辉格党》《宪章派》《萨特伦德公爵夫人和奴隶制》《死刑。——科布顿先生的小册子》《中国革命和欧洲革命》《不列颠在印度的统治》《东印度公司，它的历史与结果》《不列颠在印度统治的未来结果》和《英国的工人运动》。

第九部分是1853年的《帕麦斯顿勋爵》8个篇章和《帕麦斯顿辞职》两个文本。

第十部分收录1854年主题为"革命的西班牙"6个文本：

《马德里的起义》、《西班牙的革命》、《埃斯帕特罗》、《革命的西班牙》九个章节、《革命的西班牙》一组论文中未发表过的片段和《西班牙的反动》。

第十一部分是 1853—1854 年 "东方问题和俄国—土耳其战争"专题文章，包括 12 个文本：《伦敦的报刊。——拿破仑在土耳其问题上的政策》《土耳其问题》《土耳其和俄国》《俄国的扩张》《俄国的欺骗》《俄国对土耳其的政策》《俄土纠纷。——不列颠内阁的诡计和诡辩。——涅谢尔罗迭最近的照会》《战争问题》《俄国沙皇统治的传统政治》《土耳其问题在下院》《大陆和英国的情况》和《西方列强和土耳其》。

附录收录了 38 个文本：《"全世界无产者联合起来！"卡尔·沙佩尔写的导言》《关于波兰的演说，伦敦，1847 年 11 月 29 日》《拉马丁和共产主义》《1846 年波兰革命两周年纪念大会（1848）》《布鲁塞尔的民主联盟。伦敦联谊民主党（1848年）》《马克思关于布鲁塞尔驱逐出境的信》《共产主义者同盟巴黎圆桌会议的口头诉讼（1848 年）》《巴黎共产主义者联盟中央委员会伦敦联谊会的信（节选）》《致卡贝的信》《共产主义者联盟科隆圆桌会议》《斯特凡·博恩致卡尔·马克思的信（摘录）》《我们希望，史蒂芬写》《伦敦工人俱乐部给科隆工人俱乐部的信》《科隆中央委员会伦敦联谊会报告（节选）》《汉泽曼内阁》《巴黎革命，弗里德里希·恩格斯》《德国的对外政策》《法兰克福关于波兰问题的辩论，弗里德里希·恩格斯》《丹麦和普鲁士的休战，弗里德里希·恩格斯》

《反革命内阁》《科伦的戒严》《德利加尔斯基——立法者、公民和共产主义者》《对哥特沙克及其同志们的审判》《普鲁士反革命和普鲁士法官》《孟德斯鸠第五十六》《民主的泛拉斯夫主义，弗里德里希·恩格斯（节录）》《德国维护帝国宪法的运动（1850年1—3月），弗里德里希·恩格斯（节录）》《社会主义与税收，由埃米尔·德吉拉尔写［巴黎1850］》《致法国人侨居伦敦的会议主席的信》《中央委员会告共产主义同盟书在伦敦》《共产主义者同盟章程（1850年12月）》《公民布朗基的祝词》《无产阶级专政（1852）》《卡尔·马克思致华盛顿阿道夫·克卢斯（摘录）》《卡尔·马克思〈路易·波拿巴的雾月十八日〉一书德文第三版序言 弗里德里希·恩格斯（1885）》《〈卡尔·马克思在科伦陪审法庭面前〉一书序言 弗里德里希·恩格斯（1885）》《关于共产主义同盟的历史 弗里德里希·恩格斯（1885）》和《卡尔·马克思〈1848年至1850年的法兰西阶级斗争〉一书导言 弗里德里希·恩格斯（1895）》。

二、吕贝尔的贡献与局限

吕贝尔的马克思政治学著作编辑的显著特点都体现在它的前言、长篇导言、被选择文本的说明性序言和注释中，从中可以很好地判断吕贝尔编辑的贡献和局限。

贡献之一：吕贝尔在这卷本前言中提供了马克思著作科学版本产生的多方面努力的最清晰简短的历史说明。他谈及梁赞诺夫未完成的 MEGA、范围上更受局限的马克思恩格斯著作的俄文版（1928—1947 年）、东德版（1956—1985 年）及始于 1975 年的新 MEGA。他严厉地评论道："梁赞诺夫是列宁亲自任命的 MEGA¹（1927—1935 年）的创始人和领导者，这个名字甚至未被莫斯科和东柏林的新 MEGA 编辑者提及。"① 吕贝尔指出，黑格尔和尼采很早就有科学版本，但是对历史拥有更大影响力的马克思，仍没有一个科学版本。吕贝尔将这种反常归因于马克思著作的明确的政治特征等。伯特尔·奥尔曼认为，还有一个毫无疑问的原因是马克思文集的巨大规模和复杂性：尽管完整的黑格尔著作的版本（1832 年至 1845 年）数量有 21 卷，尼采著作有 3 个完整的版本，但是 MEGA² 原先总计划、目前正在出版的是 133 卷（自预计减少），这些卷的最大部分属于马克思作品，不仅包括已出版的书籍、未出版的书籍、数不清的文章、演说、申明和信函，而且包括大量的笔记本材料。"考虑到这一点，马克思有很多很好的编辑是幸运的，没有人比恩格斯、梅林、梁赞诺夫和吕贝尔更优秀地服务于马克思的事业，促使公众了解他事业的兴趣。"②

---

① *Karl Marx*, *Oeuvres IV. Politique I.* édition établie, présentée et annotée par Maximilien Rubel, 1994, p.XVI.

② Ollman, B. "Review of Rubel's Marx, Oeuvres IV", *MEGA-Studien* 2, 1995, pp.126-127.

贡献之二：吕贝尔对马克思政治著作文本的五百多页的序言和说明性的注释，构成马克思1848年至1854年的思想传记，也提供了新的有趣资料。这里举三个例子说明他使用了新MEGA已出版的直至1857年马克思恩格斯往来的书信及其他原始资料来发掘一些有趣的材料。比如，博士论文文本序言和注释。吕贝尔透露了1841年事件，在此期间马克思正完成有关伊壁鸠鲁和德莫克里特的博士论文，颇为年长的布鲁诺·鲍威尔评论其草稿。鲍威尔写信警告马克思，他应该放弃来自埃斯库罗斯《被缚的普罗米修斯》的当时著名的铭文，这包括诗句："宁可被缚在崖石上，也不为父亲宙斯效忠。"① 鲍威尔认为这点毫无疑问是正确的：马克思坚持上述的铭文会阻碍他成为德国的教授，不仅因为它的内容太激进，而且因为埃斯库罗斯不是一位受公认的哲学家。

再如，《路易·波拿马的雾月十八日》文本序言和注释。吕贝尔的编辑者序言讲述了这个著作出版的历史，他的注释表明了马克思一生中出版的两个版本之间的文本差别。吕贝尔提供了马克思早年在伦敦令人感动的说明，以生动的细节显示了马克思甚至受其他革命流亡者的孤立。贫穷、德国权势集团新闻的嘲笑，甚至警局代理人的指控——燕妮·马克思的同父异母的兄弟当时是普鲁士内务部长，领导镇压民主主

---

① 《马克思恩格斯全集》第1卷，人民出版社1995年版，第12页。

义者和革命者——在此期间困扰着马克思。吕贝尔也敏锐地指出1851年马克思恩格斯之间有关波兰的一些重要分歧，在这一点上，恩格斯更接近于反对波兰的独立战争，他也接受了恩格斯众所周知的军事方面的偏爱。然而，虽然吕贝尔以夸大马克思恩格斯之间分歧及对恩格斯的敌意而获得很好的名声，但是他在同一序言中也认为，帮助马克思制定著名的《路易·波拿马的雾月十八日》开始线路，是恩格斯的功劳。他指出，在1851年12月3日的信中恩格斯给马克思写了关于法国波拿巴主义的政变，使用了这个短语"第一次作为伟大的悲剧，第二次作为小闹剧"。①

又如，《纽约每日论坛报》资料的序言和注释。吕贝尔选自马克思《纽约每日论坛报》资料的较短序言，没有他对资料的较长说明性注释有趣，特别是关于印度的有争议性作品的注释。在这里，吕贝尔再次引入歌德关于帖木儿的诗，这是马克思在1853年印度文章结尾处引证的，在那里马克思颇有道理地说明积极的事情可能从英国殖民主义中出现。吕贝尔把马克思与黑格尔的关系带进文章段落的讨论中，他把它与《共产党宣言》中所运用的历史进步发展概念相联系。关于马克思有关英国奸诈的、反动的帕默斯顿的作品，特别是他指控后者实际

---

① *Karl Marx, Oeuvres IV. Politique I.* édition établie, présentée et annotée par Maximilien Rubel, 1994, p.1363.

上是俄国帝制的代理人，吕贝尔引用了很少人了解的梁赞诺夫早期作出的评价：“因此，这是一个错误……使帕默斯顿成为俄国有道德原则的朋友……他的最高'原则'是英国寡头政治的利益。”①

局限之一：否定新 MEGA 成就和出版马克思晚年笔记的价值。吕贝尔在前言中简洁地描述了 1991 年以来新 MEGA 的情形，它呈现在阿姆斯特丹国际社会历史研究所的国际马克思恩格斯基金会的全面编辑职权之下。1991 年之后的一段时期，吕贝尔担任了改组的 MEGA 咨询委员会的成员，委员会成员包括具有各种不同观点的领先的马克思学者。吕贝尔最后从 MEGA 委员会辞职了，在 1995 年的采访中他指出"不同意一些编辑原则，特别是没有计划重新编辑马克思主义—列宁主义时期已出版的卷集"。他也表明反对 MEGA 计划出版大多数马克思书籍与文章的笔记和摘录，这些素材与已经出版的人类学笔记本有类似的结构。在回答是否我们能期待 MEGA 出版马克思重要的新资料这一问题时，他声明："坦率地说，我不这么认为。梁赞诺夫只是想很朴实地出版 40 卷，因为他认为出版整个马克思的摘录笔记本（200 多卷）是无用的。这些笔记本只是简单的模仿，往往没有对所阅读材料的亲自观察。因为马克思是

---

① *Karl Marx, Oeuvres IV. Politique I.* édition établie, présentée et annotée par Maximilien Rubel, 1994, p.1532.

一位强迫性的读者。"①

局限之二：弱化了黑格尔对马克思思想的影响。尽管吕贝尔博学，但是他对马克思早期哲学思想的讨论，有些令人失望，大部分原因是他把马克思变成一个极其折中学派的思想家，不厌其烦地表明康德、斯宾诺莎、赫尔德甚至谢林对马克思的影响，弱化了黑格尔对马克思的影响。例如，当马克思在某点上讨论黑格尔核心概念"否定之否定"时，吕贝尔没有提及黑格尔②；而在另一地方，他又写道："《资本论》的结束章……返回到马克思道德规范的'绝对命令'"③，这样使成熟马克思变成康德学者。

局限之三：对马克思思想发展过程中政治与经济思想关系的错误理解。吕贝尔对马克思早期的异化劳动概念发展至政治异化概念，有一些有趣的评论。他愤愤地说道，来自1848—1854年间关于政治与国家的这一卷所再现的作品，早于马克思最著名的政治经济学作品："政治学评论家的马克思，先于政治经济学评论家的马克思。这位把现代人变成公众的和私人的

---

① 转引自 Anderson, Kevin." Maximilien Rubel, 1905 – 1996, Libertarian Marx Editor". *Capital & Class* 62(1997)。

② *Karl Marx, Oeuvres IV. Politique I.* édition établie, présentée et annotée par Maximilien Rubel, 1994, p.C.

③ *Karl Marx, Oeuvres IV. Politique I.* édition établie, présentée et annotée par Maximilien Rubel, 1994, p.XCVI.

人的异化分歧的分析者,先于他作为经济异化的分析者。"① 在这点上,我们不能赞同吕贝尔,因为至19世纪40年代中期马克思已经对经济理论作了许多研究,而且马克思一生中与无政府主义的分歧是明确的。

---

① *Karl Marx*, *Oeuvres IV. Politique I.* édition établie, présentée et annotée par Maximilien Rubel, 1994, pp.CXXVII–VIII.

吕贝尔马克思学思想篇

总体上，国内外学界赞同吕贝尔文献学方面的搜集编译、历史考证和注释说明等贡献，但是吕贝尔马克思学的思想理论研究观点颇受争议。"这位国际著名的马克思编辑和学者一直被介入关于马克思主义和人道主义、马克思和恩格斯之间差别、马克思的民主概念和青年马克思的著作与《资本论》的关系的争论之中。"[①] 目前国内学界关于吕贝尔的学术观点少有研究：关于吕贝尔论马克思思想的发展历程有译介但未有深入分析研究，关于马克思"经济学"六册计划创作结构有进一步的研究，而吕贝尔论马克思思想来源、马克思的反黑格尔学说、马克思的民主观和社会主义观等很多思想观点都未有深入译介研究。本篇将结合马克思思想来源和发展过程这一历史逻辑脉络，及

---

① Anderson, K. "Rubel's Marxology: A Critique". *Capital & Class* 47, 1992, p.67.

遵循文献学四卷本编辑中哲学、经济学和政治学这一框架结构，分章节阐述吕贝尔关于马克思思想理论的研究：马克思思想尤其是社会理论思想主要来源于法国圣西门学说、英国政治经济学说和德国黑格尔学说；马克思思想的发展经历了从哲学走向政治经济学的历史过程；马克思的哲学思想更多的是论述马克思与黑格尔的思想关系，认为马克思是反黑格尔哲学的学者；马克思的"经济学"六册计划创作结构未有变化之说，以及坚守这一思想进一步否认《资本论》创作过程中的思想发展变化；马克思政治哲学中的民主观和社会主义理论观点。对于吕贝尔马克思学思想观点的争论，我们应作批判性分析，但不应简单否定，而应深入分析，进行对话，作出创新。

第六章　吕贝尔论马克思思想的理论来源

马克思思想的理论来源问题是国内外学界长期以来探讨的重大学术课题之一。国内学界的研究可分为两个阶段：改革开放之前，对列宁关于马克思学说来源①的认识作简单化处理，认为马克思理论的来源范围只局限于德国古典哲学、英国政治经济学和法国空想社会主义；改革开放以来，思想得到解放，马克思理论来源问题有了新的变化，研究的维度更广，理论视域更宽。相比之下，马克思理论来源的多元性研究，国外学界早已达成共识，研究的起步更早，涉及的学科也更广，不仅重

---

① 《列宁选集》第 2 卷，人民出版社 1995 年版，第 309—310 页。"马克思的全部天才正是在于他回答了人类先进思想已经提出的种种问题。他的学说的产生正是哲学、政治经济学和社会主义的极伟大的代表的学说的直接继续。……马克思的学说是人类在 19 世纪所创造的优秀成果——德国的哲学、英国的政治经济学和法国的社会主义的当然继承者。"

视三方面的来源，而且强调历史学、美学、政治学、人类学、自然科学和古希腊哲学等学科对马克思思想理论产生的影响。然而，在研究的范围大大扩大的情况下，他们的研究重点依然是德国古典哲学，尤其重视黑格尔学说。

  西方马克思学家的主要代表人物吕贝尔当然也不例外。他在阐述"马克思学"研究方法时，强调"马克思是在人类自我解放历史的漫长'启蒙'过程中产生出来的，他的思想曾受惠于斯宾诺莎、黑格尔、费尔巴哈和16世纪的唯物主义者，还得益于圣西门、欧文、傅立叶、弗洛拉·特里斯坦、蒲鲁东及其他许多人。马克思不曾拒绝任何东西，相反，他对一切都仔细加以审察和改造，从来不抱意识形态的偏见或存有学科的局限性"①。虽然吕贝尔强调马克思克服学术或学科限制性，但是在1956年出版的由英国博托莫尔和法国吕贝尔编选的《卡尔·马克思社会学和社会哲学著作选》一书中他把马克思思想的理论来源，特别是马克思社会理论的思想来源主要归结为三个方面，即法国圣西门学说、英国政治经济学学说和德国黑格尔学说。从文中论述我们可以看出，吕贝尔虽强调研究马克思思想来源应注意多方位、多角度，但是并未展开论述，主要还是局限于三个来源，而黑格尔又是重中之重，并认为马克思是反黑格尔哲学家，尤其是黑格尔政治理论和历史哲学的反对

---

  ① 杜章智：《一个反马克思主义的"马克思学家"——马·吕贝尔》，载《马列主义研究资料》，1982年第5辑，第232页。

者。实际上，马克思思想理论不仅在继承、吸收和改造黑格尔学说的基础上超越了黑格尔哲学，而且是全面吸收多学科理论的综合创新，因此研究马克思思想理论来源应关注多元性、整体性和综合性。

一、法国圣西门学说的影响

吕贝尔关于马克思受圣西门学说的影响的思想可归纳为两点：一是强调其影响在研究黑格尔哲学之前；二是体现在马克思早期著作中的批判。具体表现为以下三个方面：

第一，马克思甚至在开始研究黑格尔哲学之前，社会、家庭和学校环境就使他沉浸在圣西门学说的影响之下。吕贝尔指出，当时的德国，圣西门的门徒十分活跃，圣西门的学说在摩泽尔地区获得众多的追随者，以致大主教不得不对这一新的异端邪说发出特别警告。与此同时，马克思在特里尔市完成了高中的学习，一位圣西门的宣传者路德维希·圣加伦正住在这个城镇，这位圣西门的信徒在1835年出版了一本关于"特权阶层与工人阶级"的小册子。马克思的父亲和他学校的校长都属于一个文学社团，路德维希·圣加伦也是其中一个成员，因为"自由倾向"，1834年这个文学社团引起了警察的注意。此外，1837年，马克思在柏林大学参加了一位激情的圣西门者爱德华·甘斯的讲座课程。

第二，马克思研究黑格尔之前，有充分的机会熟悉圣西门的学说。在吕贝尔看来，第一个在莱茵省宣扬圣西门思想的人，是马克思的朋友摩西·赫斯。赫斯是1842年《莱茵报》编辑之一，在《莱茵报》中评论了劳伦兹·冯·施泰因《今天法国的社会主义和共产主义》（1842年）一书。吕贝尔进一步作出这样的可能性推断，正是赫斯使马克思注意到施泰因这本书。而正是劳伦兹·冯·施泰因使人们注意到法国社会主义者宣称把他们的学说奠基在社会科学之上，并在德国干起了这门新科学的发言人。

第三，至少在1846年以前，马克思非常熟悉圣西门的著作。在《德意志意识形态》中，马克思对卡尔·格伦进行了详细的批判性攻击。吕贝尔认为，从文本比较来看，圣西门对马克思思想的影响是非常明显的。首先，这两个作者同样强调工业和社会作为人类制造精神和物质产品的场所，并且很可能马克思对黑格尔劳动概念作为纯精神劳动的直接批判态度，来源于他早期对圣西门著作的阅读。其次，对社会和国家关系的理解，（在一定环境下）国家是工业社会发展的障碍，而且社会（特别是社会的经济结构）是国家的基础。①

我们知道空想社会主义者中，不仅是圣西门，而且欧文和傅立叶等都对马克思社会主义观的产生具有一定的影响。虽然

---

① Karl Marx. Selected Writings in Sociology and Social Philosophy. Ed. with intro. and notes by T. B. Bottomore and Maximilien Rubel. London：Watts，1961，p.26.

吕贝尔也在有些地方强调欧文的合作公社社会主义思想对马克思的影响，但是更重视的是圣西门学说，特别是对马克思的劳动概念和国家与社会关系的理解。这点可以从吕贝尔批判黑格尔的历史哲学中得到更详细的佐证。

二、英国政治经济学说的影响

吕贝尔考察了马克思研究经济学的动因和起点，分析了英国政治经济学说影响马克思对经济制度的社会学分析，并进一步阐明马克思的社会学分析与孔德的社会学说的联系与区别，由此推断英国政治经济学是马克思社会理论中的一个重要因素。下面分成三个方面具体展开论述：

首先，至1843年为止，马克思对经济事情的无知。马克思本人在1859年《〈政治经济学批判〉序言》中指出："我学的专业本来是法律，但我只是把它排在哲学和历史之次当作辅助学科来研究。1842—1843年间，我作为'莱茵报'的主编，第一次遇到要对所谓物质利益发表意见的难事。莱茵省议会关于林木盗窃和地产析分的讨论，当时的莱茵省总督冯·沙培尔先生就摩塞尔农民状况同'莱茵报'展开的官方论战，最后，关于自由贸易和保护关税的辩论，是促使我去研究经济问题的最初动因。另一方面，在善良的'前进'愿望大大超过实际知识的时候，在'莱茵报'上可以听到法国社会主义和共产主义的带着微弱哲学色彩的回声。我曾表示反对这种肤浅言论，但是同时在和'奥格斯堡总汇报'的一次争论中坦率承认，我以往的研究还不容许我对法兰西思潮的内容本身妄加评判。我倒非常乐意利用'莱茵报'发行人以为把报纸的态度放温和些就可以使那已经落在该报头上的死刑判决撤销的幻想，以便从社会舞台退回书房。为了解决使我苦恼的疑问，我写的第一部著作是对黑格尔法哲学的批判性的分析，这部著作的导言曾发表在1844年巴黎出版的'德法年鉴'上。"① 由此，吕贝尔进一步推断，马克思第一次研究经济是1843—1845年在巴黎流亡期间，并于1845—1848年在布鲁塞尔期间得到继续，这些研究从马克思笔记本的摘录和评论中可以看出。

其次，英国政治经济学说对马克思产生的影响，主要表现在对经济制度的社会学分析。吕贝尔分析了马克思在经济学领域成为非常博学的人，主要受三方面的影响：最重要的是受李嘉图影响；也大大利用了对劳动价值理论感兴趣的其他经济学家的研究，尤其是像霍吉斯金和布雷这样一些从理论中得出社会主义结论的经济学家；也强烈受到那些从广泛社会学观点达到经济学的学者著作影响，认为经济学的题材是生产过程中个人与集体的关系，例如亚当·斯密的《国富论》和魁奈的《经济表》。吕贝尔进一步指出，马克思兴趣广泛的阅读及对他前辈们的批判研究的结果，是劳动价值理论的系统体现，他把它

---

① 《马克思恩格斯选集》第2卷，人民出版社1995年版，第31—32页。

作为自己社会学分析的一部分。严格说来,吕贝尔在这里对马克思理论的经济层面不感兴趣,认为最重要的特点是"它形成了经济制度的社会学分析的一部分。马克思把他那个时代的政治经济制度看作意识形态,企图分析在他看来构成价值、价格等表达的经济关系基础的社会关系。他的经济著作是他早期对人类劳动分析的继续;较之对经济制度当代社会学研究,他们对当代经济学来说,显示出更少的相似性。"① 吕贝尔举例进行佐证,例如:马克思对生产与非生产劳动的长期讨论,从现代经济学理论的观点来看,是无意义的,但是它对社会学研究作出了宝贵的贡献。吕贝尔还进一步援引熊彼特论述,强调马克思经济学与社会学相关联的特点:"……虽然马克思从社会学方面,即根据私人控制生产手段的制度来定义资本主义,但资本主义社会的机械学却是由他的经济理论提供的。这个经济理论是用来表明,具体化在阶级、阶级利益、阶级行为、阶级间的交替这类概念中的社会学论据怎样以经济学的价值、利润、工资、投资等为中介而起作用,以及它们怎样恰恰产生出结局要破坏自己的制度框架,同时又为另一个社会世界的出现创造条件的那种经济过程。"②

---

① *Karl Marx. Selected Writings in Sociology and Social Philosophy*. Ed. with intro. and notes by T. B. Bottomore and Maximilien Rubel. London:Watts,1961,p.28.

② [美] 约瑟夫·熊彼特:《资本主义、社会主义和民主主义》,绛枫译,商务印书馆1979年版,第29页。

最后，马克思依据英国政治经济学学说而建立的社会学与孔德社会学说的关系。即分析马克思为什么没有用"社会学"来命名自己的学科。吕贝尔指出，马克思明显的意图是建立一门包括和完成现存的特殊学科的社会科学，令人好奇的是，马克思从来没有在他任何著作中使用"社会学"这个术语，尽管他的近同代人孔德已对这术语进行传播。吕贝尔分析道：很可能解释就在于马克思不喜欢"实证哲学"及对孔德和他的门徒很低的评价。1866年之前，马克思不了解孔德。那时的英国与法国对孔德的激情是很明显的，马克思很惊讶，于是开始研究孔德的作品。孔德的百科全书式的特点立刻给予了马克思深刻的印象，但是他判断它大大劣于黑格尔的作品。[①] 尽管实证主义哲学反神学的外观，但似乎对马克思来说，这种实证主义哲学"深深扎根于基督教的土壤"。与孔德的一个英国门徒相联系，马克思鄙视地评论："实证哲学意味着对一切明确事情的无知"。[②] 马克思完全拒绝孔德的社会学说，他特别谴责这种学说的神学的和教派的精神及像预言家的疯狂，但是马克思没有觉得有必要使这种理论作为一个整体服从系统的批判。吕贝尔又作了进一步推断，很可能马克思对孔德的评判，主要来自他门徒的活动，特别是他法国的门徒，他们想使实证哲学成为劳动运动的哲学。吕贝尔认为，马克思对孔德的评估表明了两

---

① 吕贝尔根据1866年7月7日马克思致恩格斯的信作出判断。
② 吕贝尔引用1869年3月20日马克思致恩格斯的信进行说明。

方面思考：第一，实证主义者想把一种特定的哲学学说强加于劳动运动，马克思甚至以一种新的"实证主义者"宗教的形式反对这些实证论者，这使他自己从对历史进程哲学沉思的否定中解脱出来，使他对意识形态拒绝中解脱出来；第二，马克思试图形成的这门学科的性质与孔德所构想的社会学主题有密切的关系，但是也有很大的分歧，这些差别似乎证明马克思的批评性态度是有道理的。① 因为，在吕贝尔看来，考察马克思的社会科学，与给这门学科名字的理论相比，它更接近社会学真正所关心的事情。

三、德国黑格尔学说的影响

吕贝尔关于黑格尔学说对马克思所产生的影响，是最为复杂的，也是论述最多的。有一种流行的观点认为，马克思在他整个一生中都是黑格尔的信徒，只是用或多或少的事实内容来填充他主人华而不实的历史哲学。吕贝尔认为应作两方面具体分析：一方面，马克思成长于黑格尔哲学环境之中，特别在他早期著作中使用黑格尔哲学的专业术语，从来没有放弃对这种"体系"某些方面的崇拜；另一方面，马克思从一开始就是黑

---

① Karl Marx. Selected Writings in Sociology and Social Philosophy. Ed. with intro. and notes by T. B. Bottomore and Maximilien Rubel. London: Watts, 1961, pp.29-30.

格尔政治理论与历史哲学的反对者，并在思想发展过程中对黑格尔的思想和方法进行了批判与改造。此两方面，在吕贝尔看来，后者才是更为主要的，而后者中批判因素又占据主导地位，改造因素只是次要作用，甚至有学者指出吕贝尔具有"近乎非理性的反黑格尔偏见"①。

（一）马克思批判和改造黑格尔政治理论和历史哲学，建立历史社会科学

吕贝尔认为，马克思从一开始就是黑格尔政治理论与历史哲学的反对者，在批判黑格尔政治理论和历史哲学基础上，企图建立一门历史社会科学。吕贝尔指出，马克思在早期1843年著作中已经批评和拒绝黑格尔的政治理论。正如在《法哲学大纲》中所详述的那样，马克思仔细地分析了黑格尔的政治观念，概述了社会学的国家理论。不过，当时马克思反对黑格尔，是在对民主主义而不是对社会主义的热情赞扬中来表述的，因为那时他还没有接触到社会主义运动。紧接着，吕贝尔又指出，马克思批评黑格尔历史哲学。对黑格尔历史哲学的批判和改造，具体表现为以下三个方面：历史发展观、异化观、辩证法。

---

① Anderson, K. "Rubel's Marxology: A Critique", *Capital & Class* 47, 1992, p.81.

在 1844 年，马克思对黑格尔的方法有个很长的评论。马克思赞扬黑格尔在《精神现象学》所阐述的对人类起源与发展的理解。依马克思之见，黑格尔理解了人类在历史过程中创造自我，其中动力是人类劳动或生活在社会上的人们的实践活动。"黑格尔的《现象学》的伟大之处在于，黑格尔把人的自我产生看作一个过程……可见，他抓住了劳动的本质，把对象性的人……理解为他自己的劳动的结果。"① 但是，依马克思看，黑格尔认为劳动只是以异化形式作为纯粹精神的活动，这是两位思想家之间关键性的不同。对他来说，历史过程是抽象类别的运动和矛盾，在这一历史过程中，真实的个人只是玩物。但是，黑格尔很好地理解和叙述了，政治和经济的异化被投射到纯思辨的天国，这位哲学家担当起了异化世界的证人、法官和救世主。"《现象学》是一种隐蔽的、自身还不清楚的、神秘化的批判；但是，因为《现象学》坚持人的异化……所以它潜在地包含着批判的一切要素，而且这些要素往往已经以远远超过黑格尔观点的形式准备好和加工过了。"② 由此，吕贝尔推论说，"当马克思批评黑格尔历史哲学时，他接受了这种将历史作为人类自我创造过程的理解"，但同时他也反对认为"马克思本人就是一位历史哲学家，马克思的历史发展观只来

---

① 《马克思恩格斯全集》第 3 卷，人民出版社 2002 年版，第 319—320 页。

② 《马克思恩格斯全集》第 3 卷，人民出版社 2002 年版，第 319 页。

自于黑格尔"①。在18世纪晚期的众多政治与历史的作品中，都可发现社会制度的历史发展观念，它与早期的进步观念的构想相混合，也许被认为是历史社会学与历史哲学相分离的开始。在此，吕贝尔对一种普遍观点进行反驳，论证黑格尔的影响更多是引发马克思对当时存在的德国历史编纂学的普遍批评和完全拒绝。一直以来人们认为，黑格尔通过强调对立面的斗争，例如辩证运动，给这种发展观念赋予了一种特别方面，而在马克思的社会理论中，一种相似的特征，阶级矛盾占据了突出的、甚至是原生的位置，因此，这就表明，在严格意义上，无论马克思是否是历史哲学家，他的基本理论之一至少蒙恩于黑格尔，这就展示了哲学的而不是社会学的意义。但是，在吕贝尔看来，这种相似，对于断言这事实上就是马克思阶级斗争理论的起源，似乎有不足的论据，尤其是当马克思本人给了不同的阐述，他在1852年3月5日马克思致约瑟夫·魏德迈的信中写道："……至于讲到我，无论是发现现代社会中有阶级存在或发现各阶级间的斗争，都不是我的功劳。在我以前很久，资产阶级的历史学家就已叙述过阶级斗争的历史发展，资产阶级的经济学家也已对各个阶级作过经济上的分析。"②

吕贝尔认为，马克思思想中更重要的多的部分是黑格尔的

---

① *Karl Marx. Selected Writings in Sociology and Social Philosophy*. Ed. with intro. and notes by T. B. Bottomore and Maximilien Rubel. London：Watts, 1961, pp. 18–19.

② 《马克思恩格斯〈资本论〉书信集》，人民出版社1976年版，第67页。

"异化"思想在起作用。这个概念在黑格尔的思想叙述中是基本的,既存在于黑格尔的自己哲学《现象学》中,也以根本改变了的形式存在于青年黑格尔派作品中。通过"异化",后者意味着一种条件,在这种条件中,人类自己的力量表现为控制自己行动的自我生存力量与实体。于是,费尔巴哈在对基督教的研究中使用了异化的概念,表明宗教的本质是人类自己展现外部自我的本质,并使之具体化或人格化。归因于上帝的力量与能力实际上是人类自己的力量和能力;上帝的法规只是人类自己的自然法。正如在《关于费尔巴哈的提纲》中所表明的那样,马克思从费尔巴哈所达到的位置开始,异化问题占据了马克思所有的著作,但是它不再作为一个哲学问题。异化是作为一种社会现象来考察。① 因此,从黑格尔把劳动理解为"精神劳动",把异化理解为纯粹精神现象,这就必然发生:异化在辩证的"升华"过程中得到解决,这辩证的"升华"过程只发生在抽象思维能力层面,给现存的社会制度没有带来变化。据黑格尔说,抽象的正义在道德中得到升华,道德在家庭中得到升华,家庭在市民社会中得到升华,市民社会在国家中得到升华,最后国家在整个世界历史中得到升华。但是,黑格尔在《法哲学》中所阐述的整个辩证过程保留了现实社会制度、家庭、市民社会和国家的完整无缺。马克思反对富有想象力地重

---

① *Karl Marx. Selected Writings in Sociology and Social Philosophy*. Ed. with intro. and notes by T. B. Bottomore and Maximilien Rubel. London: Watts, 1961, p.20.

构社会真正改观的观念，他的道德方面是通过具有自然品质的人的重新获得，是对作为社会人从奴役异化中自我释放的复原。黑格尔的理论没有考虑现实的社会现象，这位哲学家既不能解释现实社会现象的起源，也不能解释它们的发展和消失。这样就必然出现：黑格尔对马克思来说是个魔术师，借助于名叫"否定之否定"的魔力公式，如他所愿地产生或废黜，创造或毁灭，保存或废除人类的社会创造。"因此，全部逻辑学都证明，抽象思维本身是无，绝对观念本身是无，只有自然界才是某物。"① 黑格尔将思维行为从人类主体中分离开，把主语变成具体化的思维的谓语。马克思评论道，很明显，"如果没有人，那么人的本质表现也不可能是人的，因此思维也不能被看作是人的本质的表现，即在社会、世界和自然界生活的有眼睛、耳朵等的人的和自然的主体的本质表现"②。

吕贝尔指出，马克思在早期著作中是对黑格尔充满活力的批评者，这点也许得到承认，但是经常有争议的是，《资本论》体现了马克思回到黑格尔式的辩证法。对此观点，吕贝尔表示了小部分赞同看法，但更多的是采取否定态度。很明显，在《资本论》某些章节中，马克思蓄意模仿甚至夸张地演义黑格尔的风格，如马克思阐述《资本论》价值理论时，满足于"玩

---

① 《马克思恩格斯全集》第3卷，人民出版社2002年版，第334页。
② 《马克思恩格斯全集》第3卷，人民出版社2002年版，第335页。

弄"黑格尔式的风格。① 1858 年马克思继续经济学研究,1 月 14 日致给恩格斯的信阐述了,一个幸运的机会使他注意到黑格尔的《逻辑学》,阅读它是十分有利的,尤其是对阐述他创作方法的选择方面。"如果以后再有功夫做这类工作的话,我很愿意用两三个印张把黑格尔所发现、但同时又加以神秘化的方法中所存在的合理的东西阐述一番,使一般人都能够理解。"② 吕贝尔进一步指出,虽然在马克思余生的二十五年里,他从来没有找到时间这么做,但是马克思后来利用机会讨论他所声称的"黑格尔主义"时说:虽然他经历过这位"伟大思想家"学派,但是,他通过提取其辩证法的合理核心,推翻了这种辩证法,使之失去其神秘化外衣。马克思区分了叙述方式与研究方法,认为严格强调他自己方法的经验主义特点更重要。"当然,在形式上,叙述方法必须与研究方法不同。研究必须充分地占有材料,分析它的各种发展形式,探寻这些形式的内在联系。只有这项工作完成以后,现实的运动才能适当地叙述出来。这点一旦做到,材料的生命一旦观念上反映出来,呈现在我们面前的就好像是一个先验的结构了。我的辩证方法,从根本上来说,不仅和黑格尔的辩证方法不同,而且和它截然相反。在黑格尔看来,思维过程,即甚至被他在观念这一名称下

---

① 参见《马克思恩格斯全集》第 44 卷,人民出版社 2001 年版,第 14—23 页。

② 《马克思恩格斯〈资本论〉书信集》,人民出版社 1976 年版,第 121 页。

转化为独立主体的思维过程，是现实事物的创造主，而现实事物只是思维过程的外部表现。我的看法则相反，观念的东西不外是移入人的头脑并在人的头脑中改造过的物质的东西而已。"① 在吕贝尔看来，马克思的意图是，通过考虑社会经济结构的发展是一种自然历史过程，通过研究"资本主义生产的自然规律产生的社会对抗情绪"，来制定一项经验式研究工作。马克思选择整个英国作为试验室去研究资本主义生产方式及"与之相对应的生产与交往关系"。但是，马克思清楚地意识到：既然在这些经济形式的分析中既不能使用显微镜，也不能使用化学试剂，那么在社会学分析中，必须用抽象力来取代，以便识别和阐明社会过程的"纯事件"。总之，"不管怎样，对《资本论》结构的考查揭示出，只有一小部分也许被认为用黑格尔方式写作，大部分是社会学的与历史的数据的分析与展示。"② 事实上，《资本论》还是以社会学方式（例如社会制度的历史）构想社会历史的最早的、最有价值的著作之一。

（二）吕贝尔的反黑格尔哲学

吕贝尔在上述论述中攻击了马克思哲学与黑格尔哲学的渊源关系，不止这些，吕贝尔的反黑格尔哲学说还有更为深入的具体分析。

---

① 《马克思恩格斯全集》第44卷，人民出版社2001年版，第21—22页。

② *Karl Marx. Selected Writings in Sociology and Social Philosophy*. Ed. with intro. and notes by T. B. Bottomore and Maximilien Rubel. London: Watts, 1961, p.24.

其一，吕贝尔再次通过诉诸有关黑格尔的各种陈述的日期和孤立的引用，试图回答一个理论问题：马克思很少受黑格尔的影响，否认黑格尔对马克思的重大影响，更愿意承认马克思经历了根本改变。

吕贝尔认为，在马克思的各种重要作品中，早期1843年《黑格尔法哲学批判》是对黑格尔的最猛烈批评，在那里给予了黑格尔对普鲁士国家的讨论，它成为最严重的、甚至是关于黑格尔的最后字眼。在标题为"马克思'经济学'的历史"的长篇文章中，这篇文章也是他的《马克思经济学著作》第二卷的导言，吕贝尔在1843年《黑格尔法哲学批判》上花了10页，但没提及关于黑格尔许多重要的积极评价。然后，吕贝尔略过、几乎没有提及来自马克思《1844年经济学哲学手稿》中深刻的、更著名的、严格哲学意义上的1844年"黑格尔辩证法的批判"。事实上，在吕贝尔导言文章中，整个《1844年经济学哲学手稿》几乎未提及，即使它包含在《马克思经济学著作》中。吕贝尔几乎不愿意讨论《1844年经济学哲学手稿》中源自黑格尔的辩证法的类别，除了他在唯一一个随意的脚注中写道："马克思没有在任何地方如此清晰地同时表达，他归功于黑格尔，又从中分离出来。"[①] 但他得出奇怪的结论，正

---

① Karl Marx. *Oeuvres II. Economie Vol. II*. édition établie et annotée par Maximilien Rubel, 1968, p.1621.

是在这个手稿中"马克思彻底地推翻黑格尔"①。"1844年批判包括黑格尔辩证法的更根本的作品,而不是只是关于国家的著作,这似乎表明,马克思不是毫无保留地拒绝黑格尔,而是利用黑格尔产生自己的辩证法。"② 不仅如此,吕贝尔甚至没有承认黑格尔学者的研究,包括《吕贝尔论马克思五篇论文》一书的美国编辑之一奥马利(O'Malley)粉碎对黑格尔诽谤类型的研究。奥马利未清晰谈及与吕贝尔之间的区别,但发现马克思与黑格尔之间强烈的亲密关系,写道,马克思"对黑格尔的'去神秘化'是学生对'师父'的纠正,而这是完全不同于'断裂'的事情"③。在对黑格尔的攻击中,吕贝尔还认为,马克思不是哲学家,实际上"已经放弃了他坚守建立一门新哲学的无结果的辉煌"④。相反,他形容马克思把自己看作"一个社会改革家和教育家"⑤ 的角色,再次成为对马克思这位革命辩证法家相当奇怪的估价。吕贝尔通过称它"从黑格尔借用的

---

① *Rubel on Karl Marx*: *Five Essays*. Edited and translated by Joseph O'Malley and Keith Algozin. Cambridge University Press, New York, 1981, p.122.

② Anderson, K. "Rubel's Marxology: A Critique". *Capital & Class* 47, 1992, p.83.

③ 转引自 Anderson, K. "Rubel's Marxology: A Critique". *Capital & Class* 47, 1992, p.83.

④ *Rubel on Karl Marx*: *Five Essays*. Edited and translated by Joseph O'Malley and Keith Algozin. Cambridge University Press, New York, 1981, p.104.

⑤ *Rubel on Karl Marx*: *Five Essays*. Edited and translated by Joseph O'Malley and Keith Algozin. Cambridge University Press, New York, 1981, p.105.

术语"①，几乎消除了"异化"这个术语及其明显的黑格尔来源，好像只是这个术语而不是黑格尔的辩证法是马克思借来的。

值得肯定的是，尽管有些材料会大为减弱吕贝尔的反黑格尔哲学观，但是他还是承认，马克思在《政治经济学批判大纲》中至少"对黑格尔公式作了零星的运用"②，并且马克思在1857年再次重读了黑格尔的《逻辑学》。他引用1858年1月14日马克思致恩格斯的信，揭示对黑格尔的这种重建的兴趣和马克思的愿望，"用两三个印张把黑格尔所发现、但同时又加以神秘化的方法中所存在的合理的东西阐述一番，使一般人都能够理解"，但吕贝尔很快注意到"马克思从来没有达到该计划"③。据吕贝尔自己的估计，"五六页印张……将近100页"。因此，马克思对黑格尔的辩证法的有意的说明大概有近50页，不是简短的考虑，而是对黑格尔主题的重要评论，除了构成《黑格尔法哲学批判》的粗糙的注释和摘录之外，超过他写作黑格尔的任何东西的长度。因此，对黑格尔预测的文章是一篇相当广泛的评论，是很可能的。这印张事件也是一个展示

---

① *Rubel on Karl Marx: Five Essays*. Edited and translated by Joseph O'Malley and Keith Algozin. Cambridge University Press, New York, 1981, p.29.

② *Rubel on Karl Marx: Five Essays*. Edited and translated by Joseph O'Malley and Keith Algozin. Cambridge University Press, New York, 1981, p.49.

③ *Rubel on Karl Marx: Five Essays*. Edited and translated by Joseph O'Malley and Keith Algozin. Cambridge University Press, New York, 1981, p.149.

吕贝尔的价值的例子。贯穿吕贝尔的著作中,他频繁地揭示多年来一直被掩饰的数据资料,资料有时表现为削弱一些自我解释。例如,在哲学卷中,他包含了马克思 1861 年关于黑格尔《逻辑学》的笔记,即《黑格尔存在逻辑纲要》。① 作为一名学者,这是极其值得赞扬的。

吕贝尔声称《资本论》比《政治经济学批判大纲》中有更少的黑格尔的影响。"这对黑格尔辩证法的优点的明显依赖,经常在《政治经济学批判大纲》书页中是显而易见的,在《资本论》中成为类似于拙劣模仿的程序。"② 吕贝尔所指的是《资本论》倒数第二章关于"资本主义积累的历史趋势",在那里马克思对即将发生的社会革命的描述,突然"回归"到黑格尔的术语,特别是"否定之否定"。吕贝尔称这是对黑格尔的"拙劣的模仿",试图不予重视黑格尔的功劳。

其二,吕贝尔编译的《马克思哲学著作》卷的分析表明,马克思哲学是反黑格尔哲学,黑格尔对马克思的影响只是负面的,1847 年之后马克思放弃了哲学(黑格尔哲学)。

吕贝尔的《马克思哲学著作》,作为七星诗社马克思著作集第三卷,出现于 1982 年。此卷主要覆盖的年份是 1837—

---

① Karl Marx. *Oeuvres III. Philosophie*. édition établie, présentée et annotée par Maximilien Rubel, 1982, p.1490.

② *Rubel on Karl Marx: Five Essays*. Edited and translated by Joseph O'Malley and Keith Algozin. Cambridge University Press, New York, 1981, pp.221-222.

1847年，据吕贝尔所说，在此之后马克思放弃了哲学兴趣。①对吕贝尔来说，此卷的"两个根本文本"②是《黑格尔法哲学批判》和《德意志意识形态》。吕贝尔的120页导言清楚阐明自己对"哲学"的鄙视。他写道，甚至对马克思早期这些作品来说，"它是对这里所谈及的哲学理性的批判"③。严格意义上，导言开始于曾经写的关于黑格尔最邪恶的攻击之一。与许多其他反黑格尔派哲学家一样，吕贝尔声称，黑格尔的法哲学包含了他的哲学的关键。然后，他继续引述一些段落，指责黑格尔军国主义和全面独裁主义，否认黑格尔对马克思重大影响。对吕贝尔来说，黑格尔对马克思的影响只是负面的，如同普鲁士国家，是他反对的一个目标。

吕贝尔以另一个对黑格尔的重击结束了他对马克思哲学卷的冗长导言。相比于马克思来说，他认为黑格尔更可以说是20世纪"我们同时代人"④，因为黑格尔是一个极权主义和对国家谄媚的哲学家。此外，像尼采一样，黑格尔崇拜战争和拿破仑。因此，斯大林苏联执政时期建立的马克思主义是"黑格尔的"。

---

① Anderson, K."Rubel's Marxology: A Critique". *Capital & Class* 47, 1992, p.84.

② *Karl Marx. Oeuvres III. Philosophie*. édition établie, présentée et annotée par Maximilien Rubel, 1982, p.xi.

③ *Karl Marx. Oeuvres III. Philosophie*. édition établie, présentée et annotée par Maximilien Rubel, 1982, p.x.

④ *Karl Marx. Oeuvres III. Philosophie*. édition établie, présentée et annotée par Maximilien Rubel, 1982, p.cxxx.

此外，在哲学卷里，作为一名马克思编辑者，吕贝尔的解释也导致了一些重大问题。吕贝尔在马克思哲学卷中包括更多的是政治方面的《黑格尔法哲学批判》，而不是《1844年经济学哲学手稿》。相反，正如我们所看到的，它们被安排在《马克思经济学著作》第二卷中。哲学卷的材料的选择可能是企图支持吕贝尔关于马克思1843年与黑格尔脱离的论点。吕贝尔既没有在这里也没有在所涉及的经济学第二卷中认真讨论1844年"黑格尔辩证法的批判"。虽然吕贝尔呼吁重视马克思的《黑格尔法哲学批判》，但他认为这篇文章标志着与黑格尔哲学某种类型的最后全面清算。吕贝尔的这种解释是反黑格尔的。吕贝尔了解马克思有些方面超过古典政治经济学、蒲鲁东空想社会主义及科学理性主义。但是为了贬低黑格尔的影响，"吕贝尔甚至夸大乌托邦对马克思的影响，却忽视提及许多乌托邦者本身就是黑格尔派哲学家；吕贝尔还夸大古典政治经济学对马克思的影响，称马克思为斯密和李嘉图式传统的经济学家"，却从来没有大大发展与斯密和李嘉图的这种联系，好像只是作为黑格尔的平衡力对他们感兴趣"①。

综上所述，吕贝尔论述马克思思想与黑格尔哲学关系之说，值得肯定的是注意到它们之间的渊源联系，具体表现为：黑格尔把历史作为人类自我创造过程的理解对马克思历史发展

---

① Anderson, K. "Rubel's Marxology: A Critique". *Capital & Class* 47, 1992, p.87.

观产生的作用；黑格尔异化思想对马克思思想的重要影响；黑格尔《逻辑学》方法的合理因素对马克思辩证法产生的作用。但我们不认同吕贝尔的某些反黑格尔的观点：一是吕贝尔认为《黑格尔法哲学批判》包含了马克思哲学的关键，是关于黑格尔的最后字眼，标志着与黑格尔哲学某种类型的最后全面清算，甚至在1982年吕贝尔编译的《马克思哲学著作》中未包含《1844年经济学哲学手稿》。哲学著作的材料的选择支持吕贝尔关于马克思1843年与黑格尔脱离的论点。1844手稿虽包括在1968年吕贝尔编译的《马克思经济学著作》第二卷中，但在吕贝尔写的长篇导言中，整个《1844年经济学哲学手稿》几乎未提及，更没有提及来自马克思《1844年经济学哲学手稿》中具有哲学意义的"黑格尔辩证法的批判"章节。吕贝尔哲学卷编入文本的年份是1837—1847年，支持吕贝尔的说法，1847年之后马克思放弃了黑格尔哲学。我们认为，吕贝尔所说的马克思1843年与黑格尔哲学作最后全面清算看法有失偏颇。实际上，马克思至1843年为止，在哲学世界观转变过程上与黑格尔唯心主义哲学立场是一种走进又走出的关系。马克思文本的研究表明，1841年马克思在博士论文中是黑格尔唯心主义哲学立场；1842年《莱茵报》期间，围绕书报检查法、林木盗窃法、摩塞尔记者报道人民生活贫困等问题，马克思对普鲁士封建专制制度进行了无情批判，开始怀疑动摇黑格尔唯心主义立场，开始了从唯心主义走向唯物主义，从自由主义、革命民主主义走向共产主义的世界观转变。《黑格尔法哲学批判》

手稿及导言，马克思对黑格尔唯心主义进行了第一次比较系统的批判，标志着他哲学世界观转变基本完成。二是吕贝尔认为《资本论》的结构只有一小部分运用黑格尔方式，黑格尔辩证法的优点在《政治经济学批判大纲》中显而易见，在《资本论》中成为拙劣的模仿。在这点上，吕贝尔的做法值得赞扬的是，虽然马克思1857年重读黑格尔《逻辑学》会削弱他反黑格尔的解释，但他还是承认了，甚至在1982年哲学卷中选编入马克思1861年《黑格尔存在逻辑纲要》。我们应更进一步明确，马克思建构《资本论》唯物辩证法逻辑体系与黑格尔《逻辑学》有密切联系。1858年1月14日马克思致恩格斯的信表明，正是黑格尔《逻辑学》为马克思建构《资本论》整体结构，"在哲学理论思维上起了启发、点化作用，使他在此期间先后提出'五篇构想''六册计划''资本一般—资本特殊—资本个别的分篇方法'等"①。《资本论》第一卷发表之后，1868年5月9日马克思致狄慈根的信写道："一旦我卸下经济负担，我就要写《辩证法》。辩证法的真正规律在黑格尔那里已经有了，自然是具有神秘的形式。必须把它们从这种形式中解放出来"② 这已然表明，黑格尔的《逻辑学》与马克思的《资本论》唯物辩证法体系构想紧密相关。

---

① 王东：《马克思学新奠基——马克思哲学新解读的方法论导言》，北京大学出版社2006年版，第505页。

② 《马克思恩格斯全集》第32卷，人民出版社1974年版，第535页。

第七章 吕贝尔论马克思思想的发展轨迹

在上章中,吕贝尔阐述了马克思思想的理论来源主要与德国古典哲学主要代表黑格尔哲学、英国政治经济学和法国空想社会主义者圣西门学说有密切的渊源关系。马克思在批判、吸收和改造这三大类学说基础上,形成自己的哲学和政治经济学说。在本章中,我们将对吕贝尔关于马克思思想中的哲学和政治经济学说的发展趋势进行脉络梳理和分析。首先,我们来了解吕贝尔关于这方面的一个重要文献"从哲学到政治经济学",1967年6月《马克思学研究》第11期刊载吕贝尔这篇文章,1968年该文出现于吕贝尔编译的《马克思经济学著作》第二卷导言的第一部分,1982年它又出现在英语版《吕贝尔论马克思五篇论文》中第三篇论文"马克思'经济学'史"第一部分,2009年我国出版的第一部关于吕贝尔的中文译著《吕贝尔马克思学文集》(上)中就刊载了该篇论文。另外,2009年中译本，还刊载了吕贝尔在《马克思批评马克思主义》第五部分"认识马克思的著作"中的一文"《1840—1856年的读书笔记》之一：《1840—1853年马克思的读书笔记》"，该文把马克思1840—1853年期间的读书笔记分四个阶段进行比较系统的分析，即1840—1843年柏林、波恩和克罗茨纳赫笔记；1844年巴黎笔记；1845—1847年布鲁塞尔和曼彻斯特笔记；1850—1853年伦敦笔记。根据吕贝尔对马克思读书笔记的研究，可以了解马克思在某个时期的阅读范围，"了解马克思思想发展的轨迹"①，明确马克思思想发展与哲学、历史学、政治学、经济学等学科的关系。从这一系列的文献梳理可见，吕贝尔关于马克思思想发展轨迹的观点"从哲学走向政治经济学"非常重要。实际上，它涉及三个问题：一是吕贝尔眼中马克思"哲学""政治经济学"的含义；二是马克思何时开始转向，标志是什么；三是马克思的哲学和政治经济学等学科的研究在某个时间阶段是否可以完全割裂，是否有一定的综合性研究。下文按时间段梳理马克思思想从哲学走向政治经济学的发展历程脉络，进行具体分析并试图对这三个问题做出回答。

---

① 《吕贝尔马克思学文集》（上），曾枝盛编选，郑吉伟等译，北京师范大学出版社2009年版，第257页。

一、从哲学走向政治经济学

吕贝尔认为，从 1843 年开始，马克思思想发展趋向于从哲学走向政治经济学。在这里，我们应明确"哲学"两层意思，一是泛指学科性质，二是特指黑格尔哲学。吕贝尔对马克思思想发展的趋势走向分三方面进行具体分析：

第一，1840—1843 年柏林、波恩和克罗茨纳赫笔记表明，马克思从哲学著作转向历史政治著作的研究。吕贝尔引述马克思一封信的内容①说明，至 1837 年之前，马克思已经习惯于对自己所阅读的著作做摘录笔记。在他看来，马克思摘录习惯的第一批成果，可见证于 1839 年马克思为博士论文研究而准备的笔记。吕贝尔还对这一时期马克思先后在柏林、波恩和克罗茨纳赫所阅读的哲学、历史和政治著作所做的笔记做了具体的研究分析：在柏林，马克思对斯宾诺莎、莱布尼兹、休谟和罗森克兰茨等著作进行研究并作摘录笔记。在波恩，马克思为了给卢格的《德法年鉴》写一篇文章，进行了宗教史和艺术史的研究。克罗茨纳赫笔记是专门阅读历史用的，如法国史、英国

---

① 吕贝尔做了这样一个注释：1837 年 11 月 10 日马克思给父亲的信中谈到"我养成了摘录读过的一切书籍的习惯……和不时乱写想法的习惯"。参见《吕贝尔马克思学文集》（上），曾枝盛编选，郑吉伟等译，北京师范大学出版社 2009 年版，第 262 页。

史、德国史、瑞典史和美国史；此外，马克思还摘录了卢梭的《社会契约论》、孟德斯鸠的《论法的精神》等，研究的注意力集中在一般国家、贵族、官僚、家庭、封建制度、王权、政府权力、阶级差别上。由马克思的阅读范围可知，1840—1843马克思的研究经历了从哲学著作向历史政治著作的转变。

第二，1843年马克思离开黑格尔哲学，向政治经济学方向转移。1840—1843年，马克思在柏林、波恩和克罗茨纳赫对哲学、历史和政治著作的研究和思考成果体现于发表在《德法年鉴》上的《论犹太人问题》和《〈黑格尔法哲学批判〉导言》。吕贝尔认为，这两篇文章是马克思"对黑格尔的批判的总结"①，论述了对国家的批判和对民主的维护，论述国家、市民社会和私有财产关系。在对普鲁士政府否定之前，马克思必须把自己从成为他的主要导师之一的哲学家中解放出来，"克罗茨纳赫研究为他最后遭遇黑格尔的政治哲学提供了一个契机"②。吕贝尔还补充说，在《政治经济学批判》的前言中，马克思回忆了早期十五年，如何通过对黑格尔哲学的批判，在政治经济学中对"市民社会的剖析"。用马克思自己的话来说，早在1843年，在最初进行经济学研究之前，就发现了研究指导方针，即明确的历史唯物主义概念，与1859年的前言中陈

---

① 《吕贝尔马克思学文集》（上），曾枝盛编选，郑吉伟等译，北京师范大学出版社2009年版，第123—124页。

② 《吕贝尔马克思学文集》（上），曾枝盛编选，郑吉伟等译，北京师范大学出版社2009年版，第113页。

述的一样。"为了解决我苦恼的疑问,我写的第一部著作是对黑格尔法哲学的批判性的分析,这部著作的导言曾发表在1844年巴黎出版的《德法年鉴》上。"① 所以,吕贝尔分析,对马克思"经济学"的完整理解必须对这些经典的反黑格尔手稿进行阅读,一些重要的部分就出现在这里。因为在转向政治经济学之前,他在《论犹太人问题》和《〈黑格尔法哲学批判〉导言》中陈述了他新的信条。在此,吕贝尔已表明马克思是在对黑格尔哲学批判,离开黑格尔哲学的基础上转向政治经济学的。那么,吕贝尔又是如何分析马克思走向政治经济学的标志的呢?在克罗茨纳赫手稿的最后几页,马克思最先把他的注意力放在了工人阶级身上,即"直接的财产和具体劳动",工人阶级没有多少财产,但为资产阶级社会运作提供了"基础"。这些"初始的社会分析标志着向政治经济学方向的转移"②。吕贝尔还对马克思所转向的"政治经济学"含义作出自我解释:"马克思对中产阶级革命的研究,从某种意义上说,这是一种中间观点,是处于他对黑格尔哲学的批判修正的观点与对中产阶级社会的'剖析'研究之间的观点,也就是政治经济学。"③

---

① 《马克思恩格斯全集》第13卷,人民出版社1962年版,第8页。
② 《吕贝尔马克思学文集》(上),曾枝盛编选,郑吉伟等译,北京师范大学出版社2009年版,第120页。
③ 《吕贝尔马克思学文集》(上),曾枝盛编选,郑吉伟等译,北京师范大学出版社2009年版,第124页。

第三，马克思转向政治经济学趋势的同时，转向了社会主义。上述吕贝尔依据克罗茨纳赫研究成果的分析，得出马克思在批判总结黑格尔哲学的基础上趋向于政治经济学研究。同时，吕贝尔也指出，在《德法年鉴》上发表的两篇论文《论犹太人问题》和《〈黑格尔法哲学批判〉导言》，尤其是《〈黑格尔法哲学批判〉导言》，表明马克思转向了社会主义。① 吕贝尔举例说明这一点。1845年5月前后，马克思在巴黎和布鲁塞尔研究了一系列乌托邦和社会主义的著作，其中揭示了马克思在1843—1844年开始对乌托邦方面的文献感兴趣。在杂志社任职时，马克思阅读了被称作"德国共产主义之父"的赫斯的文章《莱茵报》和瑞士《二十一印张》。赫斯在文章中揭示出这样的观点：无产阶级革命是工业社会中无产者不断增加的不可避免的结果。《论犹太人问题》和《〈黑格尔法哲学批判〉导言》建立在这种伦理道德信仰的基础上，对金钱和制度症结进行诊断，然后提出解决方案，即无产阶级革命。《〈黑格尔法哲学批判〉导言》提高了无产阶级的使命感和人类解放的地位。紧接着，吕贝尔作了这样的说明，虽然此时马克思考虑的是德国无产阶级和德国的解放，社会主义和共产主义均没有提到，但是文章中的确讲到了"对私有制的否定"，这是无产阶级转变为社会运转的基本原则的需要。"马克思是第一个把

---

① 《吕贝尔马克思学文集》（上），曾枝盛编选，郑吉伟等译，北京师范大学出版社2009年版，第264页。

'社会主义',一种观念运动,与无产阶级政治运动、社会解放联系在一起的人。"① 在这里我们可以看出,吕贝尔的马克思"政治经济学"包含了社会主义观念这层意思。

二、政治经济学批判的开始

首先,吕贝尔分析了马克思开始进行经济学研究的动因。吕贝尔指出,从《1844年经济学哲学手稿》和同时期马克思所作的一系列读书笔记,可以了解到为什么马克思开始进行经济学研究。他认为恩格斯的《国民经济学批判大纲》"对马克思产生了决定性的影响,他随后的研究仅仅是逐步加强",从恩格斯的著作中,马克思发现了《资本论》这一论题,这也表明"从某种程度上来说,他受到恩格斯把政治经济学视作'合法的诈骗系统'和'完整、丰富的科学体系'的观点的影响"②。吕贝尔进一步说明,马克思关于未来"经济学"的主题,不仅仅是采用了恩格斯《国民经济学批判大纲》中的某些观点,也能从《1844年经济学哲学手稿》的注释中听到同样

---

① 《吕贝尔马克思学文集》(上),曾枝盛编选,郑吉伟等译,北京师范大学出版社2009年版,第139页。

② 《吕贝尔马克思学文集》(上),曾枝盛编选,郑吉伟等译,北京师范大学出版社2009年版,第143页。

的回响。马克思在《1844年经济学哲学手稿》序言中提到自己开始研究和发表结论之前对经济学家们的"严肃批判研究"。通过马克思巴黎岁月的作品即《1844年经济学哲学手稿》以及《神圣家族》中提到的与政治经济学有直接关系的作家,特别提到蒲鲁东,认为蒲鲁东像黑格尔一样,对马克思具有吸引和排斥两方面的持续的影响力。吕贝尔认为,马克思成果中的一些重要部分是来自对蒲鲁东的回应,这一点也不夸张,大量的例子反映了这种情况,似乎完全可以总结为"引导马克思从哲学到社会经济学的过程,正是他称赞蒲鲁东的过程",但其言辞是批判的。"蒲鲁东是马克思的工作中的一种转变以及新的起点的标志。"①

其次,吕贝尔表明1844—1848年间马克思开始了政治经济学的批判研究。吕贝尔指出,1844年巴黎笔记表明,马克思受恩格斯的《政治经济学批判大纲》的影响,才开始系统学习政治经济学,阅读过的作者有十几个,其中有李斯特、李嘉图、赛伊等,做了一系列的摘录笔记,并对这些阅读写下了批判札记,研究成果反映在《1844年经济学哲学手稿》上。紧接着,1845—1847年马克思在布鲁塞尔和曼彻斯特时期,不仅研究古典经济学家和政治经济学的论文,而且也研究英国、法

---

① 《吕贝尔马克思学文集》(上),曾枝盛编选,郑吉伟等译,北京师范大学出版社2009年版,第147页。

国、意大利最新出版的对这些理论批判的著作。吕贝尔还指出布鲁塞尔时期对两位重要作者著作的阅读并做笔记,即魁奈的《自然法》和《经济图表分析》与居里希的《我们时代国家的重要商业棉花和农业贸易发展》两卷本。《哲学的贫困》是这时期马克思经济学研究的第一个成果。吕贝尔强调一本标有1844—1847年日期的马克思笔记本,这本笔记本对研究"历史唯物主义"起源是另外一份最重要的文献,对批判的和革命的"新唯物主义"高度概括的出色的《关于费尔巴哈的提纲》也在其中。在吕贝尔看来,马克思1844—1848年开始政治经济学批判研究的成果,不仅表现为三本重要著作,即《1844年经济学哲学手稿》《哲学的贫困》以及《工资劳动和资本》,同时也"构建了所谓的历史唯物主义理论,并在《德意志意识形态》中第一次对其作了明确的阐述。"① 吕贝尔还认为宽泛地讲这一时期的《德意志意识形态》《哲学的贫困》以及《共产党宣言》这些文本都是"经济学"的组成部分,并"以历史、社会、经济三个维度来释义这个词语"②。

再次,吕贝尔分析1848—1856年间马克思继续政治经济学的批判研究。吕贝尔的研究分析,按时间阶段进行脉络梳理

---

① 《吕贝尔马克思学文集》(上),曾枝盛编选,郑吉伟等译,北京师范大学出版社2009年版,第112页。
② 《吕贝尔马克思学文集》(上),曾枝盛编选,郑吉伟等译,北京师范大学出版社2009年版,第154页。

如下：1848—1849年间，马克思几乎全力投入政治报刊的工作。1848年3月至1849年5月，马克思主持着《新莱茵报》的工作，并为该报撰写了100多篇文章。1850—1853年间，马克思在伦敦居住的最初几年的政治著述活动有：《法兰西的阶级斗争》《路易·波拿巴的雾月十八日》《揭露科伦共产党人案件》以及为科伦案辩护发表在《纽约日报论坛》上的政治通信。同时，1850年到1853年，马克思写了20多本笔记，涉及很多作者及相关著作。从这些阅读的著作中可以看出，马克思对货币问题、工资问题、工人生活水平问题、罢工问题、在工业中儿童劳动问题、人口及其生存问题、城市的、古代和中世纪的文明史、封建制度的历史以及研究亚洲、欧洲等地方的阶级和等级问题的研究十分重视，做了许多摘录并进行了思考和评论。笔记涉及的大部分都是马克思在《资本论》中引用过的。吕贝尔认为，马克思1850—1853年第十八本笔记表明"马克思重新回到历史学的阅读"。1853—1856年，马克思对东方问题、西班牙革命问题和外交史问题做了研究笔记。从1856年底起，马克思放弃了历史学方面的阅读，重新进行他的经济学研究。

最后，吕贝尔研究得出1857—1859年马克思着手撰写发表政治经济学批判研究成果。吕贝尔指出，1857年是马克思研究"经济学"新起点。马克思的思想回到"经济学"，这种思想产生于1857年美国及全球危机。"虽然我自己正遭到经济上的困难，但是从1849年以来，我还没有像在这次危机爆发时这样感到惬意。"① "我现在发狂似地通宵总结我的经济学研究，为的是在洪水之前至少把一些基本问题搞清楚。"② "工作是双重的：（1）写完政治经济学原理；（2）当前的危机。"③ "目前的商业危机促使我认真着手研究我的政治经济学原理，并且搞一些关于当前危机的东西。"④ 接着，吕贝尔强调，只是到1857年，马克思才开始"生产性地消耗"了以往阶段所收集的资料。也就是说，1857年马克思才重新撰写"经济学"，并重新对1844年到1853年在巴黎、布鲁塞尔和伦敦所收集到的材料进行"生产性消费"。在1858年马克思进行真正创造性的工作前，他准备工作已持续了近15年。1857—1858年，马克思着手撰写他的科学著作的一部分。1859年，马克思发表了政治经济学批判研究的第一部分。

上述就吕贝尔关于马克思思想发展轨迹"从哲学走向政治经济学"的观点，我们按时间段详细梳理了马克思思想的发展

---

① 《1857年11月13日马克思致恩格斯的信》。参见《马克思恩格斯全集》第29卷，人民出版社1972年版，第198页。

② 《1857年12月8日马克思致恩格斯的信》。参见《马克思恩格斯全集》第29卷，人民出版社1972年版，第219页。

③ 《1857年12月18日马克思致恩格斯的信》。参见《马克思恩格斯全集》第29卷，人民出版社1972年版，第226页。

④ 《1857年12月18日马克思致恩格斯的信》。参见《马克思恩格斯全集》第29卷，人民出版社1972年版，第527—528页。

历程脉络，可以看出对文章开头提出的三个问题已经有了答案，前两个问题的回答在文中非常明显，现在我们重点来进一步看看第三个问题，即马克思的哲学和政治经济学等学科之间的关系。吕贝尔论马克思思想发展"从哲学走向政治经济学"，有两点需要说明：一是从吕贝尔论述中，可以看出1843年马克思对黑格尔政治哲学的批判，马克思离开黑格尔哲学，走向了政治经济学，但马克思并未脱离哲学研究；二是吕贝尔在论述的只是马克思思想发展历程的大体趋势，并未排斥哲学、政治学及经济学等学科之间的交叉研究。正如前面脉络梳理中所了解到的，1844年马克思开始了政治经济学的批判研究，但并未完全排斥哲学，吕贝尔对马克思1850—1853年第十八本笔记研究表明"马克思重新回到历史学的阅读，同时也对哲学和美学感兴趣。所以，对像马克思那样的读者来说，这本笔记的混杂令人吃惊"①。这一点还可以从吕贝尔编译的《马克思著作集》所选的文本划分得到印证，如《1844年经济学哲学手稿》《共产党宣言》《〈政治经济学批判〉导言》《〈政治经济学批判〉序言》和《资本论》（包括1867年《资本论》第一版序言和1873年德文第二版跋摘要），既归入经济学卷文本，也编入哲学卷文本。因此，若如吕贝尔避而不谈马克思晚年

---

① 《吕贝尔马克思学文集》（上），曾枝盛编选，郑吉伟等译，北京师范大学出版社2009年版，第280页。

思想的发展，吕贝尔论述马克思思想从哲学走向政治经济学，从某个时间段的大体趋势来说，有其合理的方面，但是在马克思思想中哲学、政治经济学是分不开的，只是在某个时间段或某个文本中有个主次地位问题，而很多时候是它们之间的综合研究。

第八章　吕贝尔论马克思"经济学"创作构想

马克思从19世纪40年代开始研究经济学,直到1859年《〈政治经济学批判〉序言》开文论述中确认了"资本、土地所有制、雇佣劳动;国家、对外贸易、世界市场","经济学"六册计划创作结构的形成有个发展过程。针对一些西方马克思学者提出的"六册计划"创作结构后来发生改变之说,一方面,吕贝尔引用《资本论》书信、《资本论》手稿和《资本论》各卷结构之间的关系,进行反驳论证:"六册计划"提出后,没有改变也没有作重大改动,《资本论》并未完成,只是第一册《资本》中的一部分。我们赞同这一看法。另一方面,在此基础上,吕贝尔借助于"经济学"的六册计划,否认马克思19世纪40年代以来"经济学"基本思想的发展变化甚至《资本论》创作思想的发展。这是错误的,实际上吕贝尔否认《资本论》创作思想的发展过程。

一、"经济学"六册计划创作结构形成过程

吕贝尔具体分析阐述了马克思"经济学"六册计划形成的脉络过程,即马克思从1844年经济学研究的起点出发、经1857年"经济学"体系的"五篇构想"计划、受1857年美国及全球经济危机的影响再次回到经济学研究的新起点、进而在1859年确定为"六册计划"。

吕贝尔认为,根据马克思1844年制订的一个计划,政治经济学是第一个即将被研究的主题,在对政治经济学的批判性描述之后是对"法律、道德、政治等的批判"。当谈到研究成果时,马克思很可能想到的就是他从1843年以来所积累的大量的各种各样的笔记。"因此,从一个导言开始,进而确定整个体系的方向和计划是合乎逻辑的。"① 导言的第一部分研究了几个问题:"生产、消费、分配、交换(流通)。"这部分又细分为四个部分。这第一部分,连同它的四个组成部分,从来没有完成。马克思几乎没有涉及这部分中的第四部分。但是,

---

① 《吕贝尔马克思学文集》(上),曾枝盛编选,郑吉伟、曾枝盛等译,北京师范大学出版社2009年版,第177页。

马克思开辟关于"政治经济学的方法",就是将直接面对黑格尔的方法与零星地运用黑格尔的形式结合起来。马克思对他的方法论进行反复思考并加以概括,把他的研究成果列成了一个逻辑性的提纲。他大致这样写道:"显然,应当这样来分篇:(1)一般的抽象的规定,因此它们或多或少属于一切社会形式,不过是在上面所阐述的意义上。(2)形成资产阶级社会内部结构并且成为基本阶级的依据的范畴。资本、雇佣劳动、土地所有制。它们的相互关系。城市和乡村。三大社会阶级。它们之间的交换。流通。信用事业(私人的)。(3)资产阶级社会在国家形式上的概括。就它本身来考察。'非生产'阶级。税。国债。公共信用。人口。殖民地。向国外移民。(4)生产的国际关系。国际分工。国际交换。输出和输入。汇率。(5)世界市场和危机。"① 这就是1857年马克思在《政治经济学批判〈导言〉》中对"经济学"体系的"五篇构想"计划的思想阐发。

吕贝尔还进一步分析了马克思起草"经济学"计划中的遭遇。由于1857年美国和全球危机发生,马克思的思想又回到了"经济学",这是马克思研究"经济学"的新起点。"虽然我自己正遭到经济上的困难,但是从1849年以来,我还没有像在这次危机爆发时这样感到惬意。"②"我现在发狂似的通宵

---

① 《马克思恩格斯选集》第2卷,人民出版社1995年版,第26页。
② 《马克思致恩格斯(1857年11月13日)》。参见《马克思恩格斯全集》第29卷,人民出版社1972年版,第198页。

总结我的经济学研究，为的是在洪水之前至少把一些基本问题搞清楚。"① "目前的商业危机促使我认真着手研究我的政治经济学原理，并且搞一些关于当前危机的东西。"② 1857年经济危机促使马克思重新回到"经济学"研究，再次思考"经济学"计划。

在吕贝尔看来，马克思在1859年《〈政治经济学批判〉序言》中向读者解释了他是怎样开始构想对资产阶级经济进行批判的计划的，并对他的思维过程作了简要概括。经过一段长时间的研究反思之后，马克思觉得可以开始他的计划了，这项计划可追溯到15年前，当时马克思决定放弃"以黑格尔法哲学批判的形式来批判法学和政治学"。"在这篇序言中，马克思形成了关于经济学论述的周密计划。"③ 这就是常说的马克思的"经济学"六册计划，即1859年《〈政治经济学批判〉序言》一开始就陈述的："资本、土地所有制、雇佣劳动；国家、对外贸易、世界市场"④。该计划包括两大部分或者说前后三个标题，第一部分主要是关于三大社会阶级——农民、资本家和工人的经济生活条件，至于第二部分，马克思仅仅列出了主

---

① 《马克思致恩格斯（1857年12月8日）》。参见《马克思恩格斯全集》第29卷，人民出版社1972年版，第219页。

② 《马克思恩格斯全集》第29卷，人民出版社1972年版，第527页。

③ 《吕贝尔马克思学文集》（上），曾枝盛编选，郑吉伟、曾枝盛等译，北京师范大学出版社2009年版，第218页。

④ 《马克思恩格斯选集》第2卷，人民出版社1995年版，第31页。

题,指出"其他三项的相互关系是一目了然的"①。在此,吕贝尔指出,马克思认为他的读者都能够抓住国家、对外贸易、世界市场这三个概念之间的逻辑关系,因此无须作出进一步说明。

二、"经济学"六册计划创作结构并未发生重大变化

一些马克思学者提出"六册计划"发生改变的思想。吕贝尔指出:1897年考茨基在《政治经济学批判》再版的序言中似乎是最先提出这一观点,认为1859年计划与1867年出版的《资本论》中的计划不一致,并没有研究这种差异背后的原因;30年之后的1929年,格罗斯曼也认为,马克思在1862年就把《资本论》第一卷序言中列出的提纲取代了1859年的"六册计划",而导致马克思改变计划是出于方法论的原因。针对"六册计划"发生变化说,吕贝尔做出分析并得出了自己的结论:马克思提出"六册计划"以后,既没有放弃这一计划,也没有对这一计划做重大的修改;马克思生前所完成和出版的《资本论》,只是"六册计划"中第一册《资本》中的一部分;《资本论》第一卷以及由恩格斯编辑出

---

① 《马克思恩格斯选集》第2卷,人民出版社1995年版,第31页。

版的第二、三卷，并不是马克思计划写作"经济学"的全部内容，《资本论》是一部未完成的、不完整的著作。① 吕贝尔分析了马克思没有按照1859年序言中的"六册计划"出版"经济学"的原因，不是由于"方法论"，而是由于他不得不把"小册子"写成"大量的卷宗"。

吕贝尔又是如何得出上述结论的呢？他对"六册计划"发生变化的看法又是如何进行反驳佐证的呢？

第一，吕贝尔提到马克思一封信内容并作了注释，说明1862年"六册计划"已经有了"变化"的说法是错误的。

1862年12月28日，马克思给库格曼写了一封关于他的写作计划的实际进展情况的信："第二部分终于已经脱稿，只剩下誊清和付排前的最后润色了。这部分大约有三十印张。它是第一册的续篇，将以《资本论》为标题单独出版，而《政治经济学批判》这个名称只作为副标题。其实，它只包括本来应构成第一篇第三章的内容，即'资本一般'。这样，这里没有包括资本的竞争和信用。这一卷的内容就是英国人称为'政治经济学原理'的东西。这是精髓（同第一部分结合起来），至于余下的问题（除了国家的各种不同形式对社会的各种不同的经济结构的关系以外），别人就容易在已经打好的基础上去探讨

---

① 参见顾海良：《吕贝尔对〈资本论〉结构形成的研究》，见《马克思经济思想的当代视界》，经济科学出版社2005年版，第141页。

了。"① 吕贝尔就这封信的这部分内容作了这样的注解:"这个文献特别重要,有下面两个原因:(1)它与任何计划改变的看法相矛盾;(2)它表明马克思继续在任何意义上都尊重以'三个过程和四个部分'的《资本论》最初的计划。"②

第二,吕贝尔引证《资本论》第 1 卷和他起草的第 3 卷手稿的两段话,说明"六册计划"前三册发生变化或"六册计划"发生变化的观点是错误的。

《资本论》第一卷出版后,针对读者产生的疑虑:新的计划将六个标题变成一个,即"资本",仅仅题目的改变就足以说明马克思已经放弃了 1859 年计划的改变,马克思用《资本论》作为他的"经济学"的标题,将原先的政治经济学批判作为副标题清楚表明他已经放弃了这一计划,仅仅《资本论》就可以包含土地所有制、雇佣劳动、国家、国际贸易和世界市场。吕贝尔对此作了如下反驳:《资本论》各部分的题目都不同于 1859 年计划的任何一个标题。马克思在这一点上很明确,曾正式地宣称"资本"既不是描述"雇佣劳动"也不是描述"土地所有制"。在《资本论》第 1 卷第 18 章开篇中,马克思有意引起读者对这些标题的注意,对各种形式的工资进行讨论时写道:"阐述所有这些形式是属于专门研究雇佣劳动的学说

---

① 《马克思致路德维希·库格曼(1862 年 12 月 28 日)》,参见《马克思恩格斯全集》第 30 卷,人民出版社 1974 年版,第 636 页。

② 《吕贝尔马克思学文集》(上),曾枝盛编选,郑吉伟、曾枝盛等译,北京师范大学出版社 2009 年版,第 226 页。

的范围，因而不是本书的任务。"① 类似地，在第三卷第六部分的开头，他做了关于"土地所有制"这一标题的一般评论："对土地所有权的各种形式的分析，不属于本书的范围。"② 吕贝尔认为，这些论断应该足以结束关于"计划的改变"的所有争论，至少证明了前三个标题的计划未有改变。马克思"经济学"的精华实际上包括前三个标题——资本、土地所有制和雇佣劳动。③ 尽管马克思对后三个标题的陈述不是很正式，不过它们仍然是马克思在理论上关注的一部分。正如马克思曾指出："整个著作将分六册，不过我并不准备每一分册都探讨得同样详尽；相反地，在最后三册中，我只打算作一些基本的叙述，而前三册专门阐述基本经济原理，有时可能不免要作详细的解释。"④ 吕贝尔的上述这些佐证都说明，"六册计划"前三册结构以及"六册计划"结构仍然没有发生变化。吕贝尔再次指出，1859 年《批判》发表了八年后，马克思又为《资本论》写了序，明确指出序言展示了早期工作的连续性，可以承认一个明显的事实：在 1867 年马克思认识到他不可能完成他在 1859 年宣称的"经济学"计划，他对这种无法实现的承诺保

---

① 《马克思恩格斯全集》第 23 卷，人民出版社 1972 年版，第 594 页。
② 《马克思恩格斯全集》第 25 卷，人民出版社 1974 年版，第 693 页。
③ 《吕贝尔马克思学文集》（上），曾枝盛编选，郑吉伟、曾枝盛等译，北京师范大学出版社 2009 年版，第 225 页。
④ 《马克思致斐迪南·拉萨尔（1858 年 3 月 11 日）》，参见《马克思恩格斯全集》第 29 卷，人民出版社 1972 年版，第 535 页。

持沉默。

第三，吕贝尔分析了"六册计划"中《资本》的结构和《资本论》四卷结构之间的关系，说明《资本论》第一卷以至于理论部分三卷都不过是原来《资本》册的开头部分，实际上证明了"六册计划"没有发生变化。

吕贝尔在《"经济学"计划及其意义》一文中，从马克思由于1857年美国和全球经济危机产生研究"经济学"新起点、1857年《〈政治经济学批判〉导言》中阐述的"五篇构想"、1859年《〈政治经济学批判〉序言》的"六册计划"至"六册计划"中《资本》的结构和《资本论》"四卷结构"之间的关系，阐述证明"六册计划"创作结构并未发生改变。至于"六册计划"中《资本》的结构和《资本论》"四卷结构"之间的关系，吕贝尔分四个小节进行说明，分别是："《资本论》作为'经济学'的一部分""第一分册""新的开始（1861—1863年）"和"最后的研究"。顾海良在一文①中就吕贝尔把马克思最初提出《资本》的结构到最后形成《资本论》四卷结构的四个阶段过程进行了简要的概述：马克思最初列出"第一分册"内容提纲时，估计有"五、六本小册子"，紧接着后又补充说："这将是一本独立的小册子。"马克思在写作《政治经济学批判》第一分册时，扩大了论述的范围，最后在第一分

---

① 参见顾海良：《吕贝尔对〈资本论〉结构形成的研究》，见《马克思经济思想的当代视界》，经济科学出版社2005年版，第145—150页。

册中只论述了"商品"和"货币"两章,第三章"资本"扩展成了《资本论》三卷。1861—1863 年,当马克思按照提纲进行研究时,意识到有必要作进一步的研究,在 1859 年《〈政治经济学批判〉序言》中增加了历史性的附录,同样有必要对新增的三章进行关于剩余价值的历史的研究,把剩余价值作为《资本论》的第四卷。按照马克思原来的计划和方法,在"资本"之后"雇佣劳动"之前研究土地所有制,"但是现在很明显他想把这部分放在第三卷并且开始研究农业以填充他这几年的研究。……最后,他研究了官方出版的关于普鲁士的农业报告。法国委员会再次把他的注意力转向国家问题,即六册计划的第四部分"①。吕贝尔认为,在这里马克思虽然没有详尽谈及"六册计划"中的其他几册,但是可以确定他也没有说要改变原先提出的"六册计划"。

吕贝尔通过"五篇构想—六册计划—三卷构想—四卷构想"这一思想路径,明确马克思"经济学"体系构想或《资本论》创作结构的演化过程及其内在关系,证明马克思"六册计划"创作结构并未发生变化。这种观点是今天国内大多数学者所认同的,不过吕贝尔忽视了马克思晚年笔记中"经济学"或《资本论》的创作结构构想。对此,有的学者提出,晚年马克思文本群的思想主旨,为写出"《资本论》续篇"而进行的

---

① 《吕贝尔马克思学文集》(上),曾枝盛编选,郑吉伟、曾枝盛等译,北京师范大学出版社 2009 年版,第 204 页。

研究与创作，是"资本—国家—国际贸易—世界市场"这四大范畴的综合创新研究，马克思开始从"《资本论》四卷构想"向"六册计划"创作结构构想回归。①

三、《资本论》创作思想"变与不变"的二重性

法国学者阿尔都塞关于马克思思想"断裂"的说法，引起很大的争论。吕贝尔对此持否定态度，他的观点是"从19世纪40年代开始马克思从未改变他的基本思想或者甚至是他的《资本论》计划"②。吕贝尔有赖于马克思坚守"经济学"的六册计划，否认马克思始于19世纪40年代"经济学"基本思想的发展变化甚至是《资本论》创作过程中的思想发展。这是错误的。

吕贝尔的论据主要围绕马克思在1858年信中所作的一系列阐述，有赖于"经济学"六册计划。吕贝尔依据对马克思的笔记和信件的阅读，坚持认为这是马克思一生一直保留的计划，而且在马克思19世纪40年代就已经得出的。吕贝尔甚至宣称，早在1847年"《资本论》所有的伟大论断都起初得到假

---

① 王东：《马克思学新奠基——马克思哲学新解读的方法论导言》，北京大学出版社2006年版，第542页。

② Anderson, K. "Rubel's Marxology: A Critique". Capital & Class 47, 1992, p.74.

定或者是假设"①。1848年革命造成革命活动家马克思暂时放弃"经济学",而后的政治纷争和贫困推迟马克思实现这项计划,但马克思从来没有真正改变他的构想,只是不断地收集《资本论》资料,由于资料收集的癖好和个人的困难而延误出版。吕贝尔鉴于马克思始于19世纪40年代坚守他的"经济学"同一计划,认为"早期作品如《政治经济学批判大纲》或者《政治经济学批判》实际上可以与《资本论》相互交换",甚至进一步做了一个重大的理论宣称:"从19世纪40年代到《政治经济学批判大纲》再到《资本论》直到他最后的作品,马克思并没有改变任何根本的东西。"② 吕贝尔的行为,好像从1847年到19世纪50年代《政治经济学批判大纲》、19世纪60年代的各部经济学笔记直至《资本论》第一卷等所有的不断的草稿和重写都只是同一系列著作的变化草稿,没有提到马克思写作不同时期的理论发展和历史发展,如《政治经济学批判大纲》中的"前资本主义经济形成"或《资本论》第一卷"商品拜物教"的整个主题,这些在吕贝尔的理论模式中被排除在外或边缘化了。

反对阿尔都塞,吕贝尔强调马克思始于19世纪40年代的工作的连续性是重要的,但是掩盖1847年到1867年马克思思

---

① *Rubel on Karl Marx: Five Essays*. Edited and translated by Joseph O'Malley and Keith Algozin. Cambridge University Press, New York, 1981, p.130.

② Anderson, K. "Rubel's Marxology: A Critique". *Capital & Class* 47, 1992, p.75.

想的发展，没有把19世纪60年代作为马克思理论发展的创造性的时期，同样是一个扭曲。下面，我们举三个例子来进行论证。第一，与早期手稿相比，《资本论》第一卷改变了不同形式。关于"商品拜物教"部分，直到1867年《资本论》第一卷才有，甚至直至1872—1875年法文版时，这部分才得到充分发展，单独显得更突出。"工作日"部分，也是直到1867年《资本论》第一卷时才有。事实上，与较短的工作日作斗争，在19世纪50年代已出现了，当19世纪60年代它在英国再次爆发时，劳工运动、再加上1863年波兰起义和美国南北战争，这时才成为马克思1864年成立的国际工人协会新的政治活动的基础。从《政治经济学批判大纲》到《资本论》的许许多多其他的变化中，工作日或商品拜物教的这种变化只是变化中的一小部分。第二，吕贝尔的反黑格尔哲学说法推翻了他所认为的马克思1847后从未改变任何基本思想。在本文第一章论述黑格尔-马克思关系时，吕贝尔的反黑格尔哲学确实让吕贝尔承认1847年后马克思思想观点的某些变化。当吕贝尔设法表明马克思越来越少"黑格尔派哲学家"时，他乐于承认变化。第三，马克思晚年最后十年成果也说明了马克思思想的前后变化。吕贝尔很少笔墨花在马克思的最后十年。据吕贝尔说，马克思"从1874年直到去世"期间，"几乎没写下什么东西"。① 实际上,此期间马克思试图进行修改并完成他设想的《资本论》第二、三、四卷,还写了《哥达纲领批判》《人类学笔记》以及1881年给俄国革命者维拉·查苏里奇的信,这封信表明落后的东方非工业化国家不同的解放道路。同时,这十年也是这样一个时期,马克思将根本变化引入《资本论》第一卷,后来阐明1875年法文版"在原本之外有独立的科学价值"②。

上述吕贝尔否认马克思《资本论》创作过程中思想有发展变化的说法,主要是通过引用马克思的信函和有关马克思意图的序言得到证明,几乎没有通过重要文本的理论分析和比较分析得到证明,而是通过引用马克思一度写"六册计划"意图的信件来偷运理论问题,没能将回答衔接在真正的理论水平上,这也正是他不能给予阿尔都塞"断裂说"一个充分回应的原因。吕贝尔这样做,未能考虑马克思回应客观政治或经济发展的艰苦思考以及马克思思想自我发展的真正变化。

---

① *Rubel on Karl Marx: Five Essays*. Edited and translated by Joseph O'Malley and Keith Algozin. Cambridge University Press, New York, 1981, p.176.

② 《马克思恩格斯全集》第44卷,人民出版社2001年版,第27页。

第九章　吕贝尔论马克思民主观

关于马克思的民主思想，国内外学界存在诸多不同的认识，归纳起来，大致可分为两大派别。一派否定马克思有民主思想，认为马克思"是民主的敌人，是专制主义的代表"①。他们认为，马克思提出的无产阶级专政是对民主的否定，马克思是一个专制主义的倡导者。对此，有学者做出反驳，认为马克思是在无产阶级作为最大多数人获得政治统治的意义上阐发无产阶级专政概念，实际上提出了一个超越资产阶级自由主义民主的新民主概念，即无产阶级民主概念，因而在马克思所主张的无产阶级专政与民主之间就绝不是一种对立的关系。②

---

① ［英］卡尔·波普尔：《开放社会及其敌人》第2卷，郑一明等译，中国社会科学出版社1999年版，第193页。

② 郁建兴：《马克思与自由主义民主》，载《哲学研究》，2002年第3期。

另一派肯定马克思存在民主思想，并认为马克思民主思想是以往民主思想的继承和发展。有些学者在考察马克思对民主的一般概念、普遍价值和共同形式的论述基础上，认为马克思的民主思想没有离开人类民主理论和实践发展，马克思充分吸取了人类创造的一切民主政治的优秀成果，实现了民主思想史上的革命性飞跃。①

吕贝尔对马克思民主思想的看法，与西方新自由主义者波普尔等主流代表否定马克思民主思想的观点有很大不同，不仅承认马克思民主思想，还写过两篇有关马克思民主思想的论文《评马克思的民主构想》② 和《马克思与美国民主》③。《评马克思的民主构想》发表于《新政治·第一版》1962 年第 2 期。1966 年 4 月美国圣母大学主办了一场国际研讨会，目的是引起美国公众对马克思研究进展的关注并培育对话。吕贝尔于 4 月 22 日在美国俄亥俄卫斯理大学发表了论文《马克思与美国民主》的演讲。该论文连同研讨会其他论文一并收入由尼古拉·洛布科维奇编辑、美国印第安纳州圣母大学出版社出版的论文集《马克思与西方世界》。在这两篇论文中，吕贝尔依据大量

---

① 俞可平:《马克思论民主的一般概念、普遍价值和共同形式》，载《马克思主义与现实》，2007 年第 3 期。

② Rubel,"Notes on Marx's Conception of Democracy," *New Politics I*, no. 2, 1962, pp.78-90.

③ Rubel,"*Marx and American Democracy*," in Marx and the Western World. Ed. N.Lobkowicz. Notre Dame,Ind.：Notre Dame University Press,1967,pp.217-228.

的文献资料，主要阐述了马克思民主概念源于斯宾诺莎政治民主观念，马克思民主观的发展进程具有连续性，并通过比较分析汉密尔顿《美国人和美国风俗习惯》和托克维尔《论美国的民主》这两篇有关美国民主的重要文献，论述马克思民主制的必然结果是共产主义，马克思的共产主义是人文主义。基于目前国内学术界对吕贝尔的学术思想研究很少，提及这两篇有关民主思想的论文更是微乎其微，因此，本书将吕贝尔的两篇文献中论述的马克思民主思想的主要内容进行简要评述，以利于推进马克思民主思想的研究。

由上可知，与西方新自由主义者波普尔等主流代表否定马克思民主思想的看法不同，吕贝尔认为马克思民主概念是对斯宾诺莎民主政治观念的继承，并通过民主道德规范的采纳逐渐走向共产主义，马克思所设想的共产主义是人文主义。事实上，马克思民主观念不仅继承和发展了斯宾诺莎等前人的民主思想，而且与他所处时代总体条件有关；马克思民主思想发展具有连续性，但在共产主义思想中民主提升到更高层次；用人文主义解释马克思共产主义只是以马克思早期著作为依据，实际上马克思思想经历了从人文的向科学的共产主义转变。

一、马克思民主思想的理论来源

把斯宾诺莎民主观作为马克思政治哲学的重要理论来源之一，是吕贝尔提出的一个新问题、新观点。斯宾诺莎是17世纪荷兰杰出的唯物主义哲学家和无神论者，《神学政治论》是他的主要著作之一。吕贝尔考察了马克思1841—1842年间在柏林大学当学生时的一个笔记本，封面上用德文写着："斯宾诺莎：政治与神学论文，卡尔·亨利希·马克思，柏林，1841年。"这份笔记涵盖斯宾诺莎《神学政治论》的大约160个摘录，涉及的有关主题是奇迹、信仰和哲学、理性和神学、教学的自由、希伯来的共和国、共和国的建立、使徒的权威、预言和先知、神圣的法律等。依斯宾诺莎对民主政治的看法，"在所有政体之中，民主政治是最自然，与个人自由最相合的政体。在民主政治中，没人把他的天赋之权绝对地转付于人，以致对于事务他再不能表示意见。他只是把天赋之权交付给一个社会的大多数。他是那个社会的一分子。这样，所有的人仍然是平等的，于他们在自然状态之中无异。"① 吕贝尔认为，在斯宾诺莎那里，马克思发现了促使自己开始在德国为自由与民

---

① ［荷兰］斯宾诺莎：《神学政治论》，温锡增译，商务印书馆1963年版，第219页。

主而战的主要理由。斯宾诺莎的民主共和国和人类自由的观念是在自然社会领域构想人类与人类幸福的理性道德规范的组成部分，而不是理性道德规范通过意识屈服于个人。正是借助于斯宾诺莎，马克思才能在承担推翻黑格尔把反民主的国家思辨哲学的神秘化和道德化时，很好地完成精神复原的行为。

在吕贝尔看来，马克思对黑格尔的批评只是斯宾诺莎冷静地为政府的最好形式即民主的诉求的诗歌般的和讽刺的变换。吕贝尔就斯宾诺莎对马克思早期政治思想的影响给出了相关论据。在批评黑格尔的政治哲学的手稿中，马克思描述民主制"是一切形式的国家制度的已经解开的谜。在这里，国家制度不仅自在地，不仅就其本质来说，而且就其存在、就其现实性来说，也在不断地被引回到自己的现实的基础、现实的人、现实的人民，并被设定为人民自己的作品"①。马克思继续批评认为，黑格尔认为国家是本质和人类源自的起点，而实际上民主制从人出发，国家是客体、人的工具。作为费尔巴哈对宗教批判的变种，马克思对政治制度又作了这样描述："正如同不是宗教创造人，而是人创造宗教一样，不是国家制度创造人民，而是人民创造国家制度。在某种意义上，民主制对其他一切国家形式的关系，同基督教对其他一切宗教的关系是一样的。基督教是卓越超绝的宗教，宗教的本质，作为特殊宗教的神话的人。民主制也是一样，它是一切国家制度的本质，作为

---

① 《马克思恩格斯全集》第 3 卷，人民出版社 2002 年版，第 39—40 页。

特殊国家制度的社会化的人。民主制对其他一切国家形式的关系，就像对自己的旧约全书的关系一样。在民主制中，不是人为法律而存在，而是法律为人而存在；在这里法律是人的存在，而在其他国家形式中，人是法定的存在。民主制的基本特点就是这样。"① 从上述引证中，我们很清楚看到，吕贝尔揭示了马克思在《黑格尔法哲学批判》这部作品中阐述了自己的民主概念，是"一切形式的国家制度的已经解开的谜"，是"一切国家制度的本质"和"作为特殊国家制度的社会化的人"，就像基督教是宗教的本质的方式一样——"特殊宗教的神化的人"。与斯宾诺莎的民主政治观念相对照，马克思的民主观念是对斯宾诺莎的民主和人类自由理论的继承，同时马克思对费尔巴哈批评黑格尔有回应。

二、马克思民主思想发展进程特点

人们通常将马克思的政治生涯区别为两个阶段：第一阶段，他是一位自由民主主义者；第二阶段，他表现为一位共产主义者。马克思在第一阶段期间所持有的民主观不同于他作为共产主义者所拥有的，马克思成为共产主义者后抛弃了他早期的政治哲学观念，留下了先前时期的理想主义和自由主义。而

---

① 《马克思恩格斯全集》第3卷，人民出版社2002年版，第40页。

在吕贝尔看来，马克思通过民主道德规范的采纳逐渐走向共产主义，他从未否认早期构想的积极特性，马克思的社会主义和共产主义概念，源自于他转变为共产主义之前拥有的民主概念。他通过批评黑格尔法哲学，拒绝黑格尔的官僚主义、君王权力和君主立宪制的学说，产生了民主概念。实际上，马克思转变为共产主义没有脱离他早期的民主概念，而是一个促进：在马克思理解的共产主义那里，民主被保持和提高到更高的意义。

为了给其论点证据，吕贝尔列举了一个事例。在1850年，马克思成为了共产主义者七年后，当他是一个共产主义同盟战斗领袖时，他授权赫尔曼·贝克尔以独立分卷形式出版他的著作集。1851年4月，第一卷在科隆出版，专门载有来自《德法年鉴》和《莱茵报》的马克思关于自由和民主的文章。吕贝尔认为，很显然，马克思并没有认为他的第一批政治著作和争取民主、自由的文章被取代；相反，他相信，马克思早期的民主概念几乎包含他后来人文主义的所有的成分。在吕贝尔看来，在马克思的思想和政治发展中，民主制度和共产主义这两个概念的分离，对应于政治革命和社会革命之间的区别。换句话说，是无产阶级革命的两个阶段之间的区别：第一阶段描述为通过工人阶级"征服民主"，通往"无产阶级专政"；第二阶段描述为社会阶层和政治力量的废除，人类社会的开端。

吕贝尔还认为，马克思政治生涯的主要事件，也使马克思呈现为一位不知疲倦并深信民主自由的战士。在19世纪50

年代初，马克思与宪章运动相联系；在整个拿破仑三世统治时期，马克思写了很多著作与波拿巴主义作斗争，他的斗争是作为反对沙皇和普鲁士主义的一种手段；在美国内战期间，马克思是北方一个狂热的铁杆拥护者，支持自由劳动制度，反对奴隶制；1871年，马克思夸赞巴黎公社为"法国社会所有健康因素的真正代表""真正的国家政府""工人们的政府""生产者的自治政府"等；1872年，马克思使巴枯宁被排除在国际之外，这位无政府主义者企图利用国际作为自己的阴谋活动的屏障，作为一个绝对的主人试图直接掌控国际。

上述的种种事例和事件可以佐证，吕贝尔道出了民主概念在马克思思想发展进程中的连续性。

三、马克思民主思想的理想愿景

吕贝尔对马克思民主思想的看法是，它不仅继承了斯宾诺莎的民主观念，而且在此基础上进行了扩张，试图将斯宾诺莎的民主观念与他自己的共产主义观念相融合。那么，推动马克思扩大斯宾诺莎民主观念的理由是什么？扩大民主概念的内容为什么是有效的？吕贝尔认为，马克思在克罗茨纳赫期间，获得这一经验证据。在这期间，马克思集中地研究法国、英国和美国的革命历史。这些研究使他相信，民主制的正常的、甚至必然的结果是共产主义。

为了证明其论点，吕贝尔仅限于马克思1843年克罗茨纳赫时期的一个笔记本的一份有关美国的资料，并认为这份资料一直受到不公正的遗忘。这份资料记录苏格兰人托马斯·汉密尔顿访问美国，他在1833年出版了著作《美国人和美国风俗习惯》。吕贝尔说，马克思阅读了1834年出版的这本书的德文译本，从中做了大约50个段落的笔记，这些摘录涉及托马斯·汉密尔顿见证到的美国主要问题：联邦制和普选权，公民法定的实际地位，北方和南方之间的利益冲突，不同的新英格兰州的国家制度等。但是，马克思特别感兴趣的是托马斯·汉密尔顿不满美国民主运作的社会倾向的方式。吕贝尔将汉密尔顿与另一位论民主的著名作者托克维尔相比较，托克维尔于1835年出版了著作《论美国的民主》。在托马斯·汉密尔顿那里，马克思发现托克维克没能注意到美国民主革命的含义。托克维尔相信，美国是"民主本身的形象"，即"一个几乎完全平等的条件"。尽管托克维尔担心民主可能导致多数暴政，但他基本上对民主制度的社会和经济前景持乐观态度。至于汉密尔顿，他对美国社会某些经济特点的洞察力使他认识到一种倾向：按马克思的看法，阶级斗争可能会成为美国未来的一个决定性的因素。在谈到纽约人民之间的见解的进展和发展趋势时，汉密尔顿介绍了"分离"会在社会的不同阶层之间迅速发生。他谈到已以"工人们"名义形成了社会的"工人阶级"，是"直接反对那些更受自然和财产青睐的，无须体力劳动享受生活的奢华的人们"。这些工人的首要需求是"平等和普及教育"。他们认为，拥有知识、教育和完善的贵族的存在，是"不符合真正的绝对平等的民主原则的"。汉密尔顿预测说，"苦难阶级"将"沉积整个国家政权"，民主一定导致"无政府状态和掠夺"。这只是一个时间问题，它取决于每一个国家的特殊情况。在英国，这一进程将更快；在拥有巨大优势的美国，它可能持续更长的一段时间，但是"终止是相同的。怀疑的是时间，而不是终点"。

吕贝尔认为，马克思通过研究法国、英国和美国的革命历史，走向共产主义者和人文主义者这一立场。正是通过这些历史的研究，马克思获得了经验证明：政治民主必须在一定的物质和精神条件下，产生社会的民主，这也就是说产生共产主义。在吕贝尔看来，马克思当时设想的共产主义是人文主义。吕贝尔引自《1844年经济学哲学手稿》中的共产主义的定义："共产主义是……人的解放和复原的一个现实的、对下一段历史发展来说是必然的环节。共产主义是最近将来的必然的形式和有效的原则。但是，共产主义本身并不是人的发展的目标，并不是人的社会的形式。"① 换言之，共产主义的目的是人文主义，马克思在同一手稿中定义为"……人和自然界之间、人和人之间的矛盾的真正解决，是存在和本质、对象化和自我确证、自由和必然、个体和类之间的斗争的真正解决。它是历史

---

① 《马克思恩格斯全集》第3卷，人民出版社2002年版，第311页。

之谜的解答，而且知道自己就是这种解答"①。由此，吕贝尔得出这样一个结论：马克思的民主的理想愿景，最后是构想一项道德假设或目的和作为政治行动的主导规范的社会秩序的人文主义视野。

四、吕贝尔的马克思民主观评析：意义与问题

通过上述对《评马克思的民主构想》和《马克思与美国民主》二文的梳理分析，我们认为，吕贝尔对马克思民主观研究既有意义也存在重大问题，具体观点应具体分析、一分为二，不能一味地批判，也不能盲目地跟从。

一是提出了斯宾诺莎民主观是马克思政治哲学的重要理论来源之一，但未分析斯宾诺莎民主政治观念的历史局限性，没有具体分析马克思民主观是与时代社会大环境的民主气氛紧密相连。斯宾诺莎在《神学政治论》中所提倡的天赋人权的学说、社会契约说、信仰自由和言论自由、赞扬资产阶级的民主政治等，归根结底都是为了论证他的资产阶级政治哲学主张，反映新兴资产阶级的利益和要求。斯宾诺莎的民主政治学说，在资产阶级上升时期反对教会和经院哲学的斗争中起了进步作用，但1670年匿名出版的《神学政治论》是反映17世纪社会

---

① 《马克思恩格斯全集》第3卷，人民出版社2002年版，第297页。

政治历史背景的，与马克思《黑格尔法哲学批判》这部反映民主观念的著作的写作社会政治历史背景有很大不同，存在一定的局限性。马克思的民主观念是与他所处时代的社会总体条件相联系的。马克思出生时的社会大环境深受法国大革命的影响，弥漫着自由主义和民主主义的气息。憧憬着自由和民主，马克思在1842年《莱茵报》时期，围绕着出版自由、林木盗窃等问题，对普鲁士专制主义政府进行了无情批判，对民主和自由有更深入的理解；而后在《黑格尔法哲学批判》中，马克思通过批判黑格尔法哲学和君主立宪制，首次明确阐述了自己对民主概念的理解。

二是提出马克思民主观一以贯之连续性，但未论证马克思早期自由主义民主观念如何与后来成为社会主义者和共产主义者时民主观念相融合，没有指出共产主义民主观念较早期自由主义民主概念的更高层次具体含义。吕贝尔论述了马克思民主观思想的连续性，这相对于波普尔等新自由主义者把马克思看作是"民主的敌人、专制主义的代表"以及将共产主义与民主对立起来的说法，更具有积极的意义。实际上，通过对马克思早、中、晚期文本群的梳理，可以看出民主思想贯穿于马克思一生，马克思存在着民主思想体系：早期，马克思批判专制主义，对民主的基本概念、范畴进行了考察和理论构建；中期，马克思立足于资本主义经济事实和具体政治事件进行哲学分析，赋予民主观更多理论内涵，民主理论趋于完善和系统化；晚期，巴黎公社的胜利、德国社会主义运动的发展和考古学的新成果,给马克思民主观注入新活力,民主思想得到升华。① 与学界就马克思民主思想发展轨迹的研究分析相比照,吕贝尔虽强调马克思民主概念的连续性,但并没有具体分析马克思民主思想前后期发展的实际变化情况,也没有明确阐明马克思达到共产主义者的民主概念相比于早期自由民主主义者的民主概念的更高层次的具体含义,更没有证明民主概念与共产主义概念是如何相契合的。

三是把马克思共产主义解释为人文主义,但未考虑马克思后来思想发生了从人道的向科学的共产主义的根本转变。有意义的是,吕贝尔看到了马克思通过历史研究,获得经验证据证明斯宾诺莎的资产阶级民主政治弊端,即资产阶级政治民主掩盖了剥削阶级与被剥削阶级之间的独裁政权,基本权利和物质压迫的真正分离,由少数执政的人剥削大多数人。"苦难阶级"必将通过阶级斗争、民主革命,推翻现有的资产阶级民主制度社会。民主本身并不是目的,只是一种手段,无产阶级通过自己的手段赢得解放,这个解放等同于全人类解放,达到共产主义社会。而吕贝尔之所以又认为马克思的共产主义是人文主义,这与吕贝尔对马克思一生的思想倾向是"科学与伦理并存,并伦理因素占主导"的看法密切相关,正如吕贝尔所说:"马克思是通过伦理的使命而达到无产阶级运动的。他不是通

---

① 王东、郭丽兰:《马克思民主观的发展轨迹》,载《马克思主义与现实》,2008年第1期。

过长期的研究而把握了社会主义革命的物质的、历史的条件和可能性之后才'科学地'达到社会主义的。"① 吕贝尔用伦理的、人道的因素理解马克思的思想，把马克思的共产主义说成是人文主义，他进行解释和批判所依据的文献是马克思的早期著作《1844年经济学哲学手稿》，这与西方学者从人道主义出发阐释该文本的路径同出一辙，而忽视了马克思思想后来所发生的转变，即从人道主义转变为历史唯物主义、从人文共产主义转变为科学共产主义。

---

① 转引自［苏］泰·伊·奥伊则尔曼：《马克思的〈经济学—哲学手稿〉及其解释》，刘丕坤译，人民出版社1981年版，第120—121页。

第十章　吕贝尔的马克思社会主义观之评析

吕贝尔对马克思的社会主义问题进行过长期研究，发表过很多相关论述。1948年，吕贝尔整理编译出版了《卡尔·马克思社会主义伦理选编》；1970年，再次出版《卡尔·马克思关于社会主义伦理的篇章》①，含有《批判社会学》与《革命和社会主义》两卷。他还发表了有关社会主义主题的论文和演讲稿，其中包括：《关于乌托邦与革命的反思》②，刊载于1965年纽约杜布莱蒂出版社出版的《社会主义人道主义国际研讨会论

---

① Rubel, Maximilien.*Pages de Karl Marx pour une éthique socialiste*: 1. Sociologie critique. 2.Révolution et socialisme. Choisies, traduites et présentées par Maximilien Rubel. [monograph] Paris: Petit Bibliothèque Payot, 1970.

② Rubel."Reflections on Utopia and Revolution", in *Socialist Humanism*: *an International Symposium*. Ed. Erich Fromm. New York: Doubleday, 1965, pp.192-199. In French ("Utopie et revolution") in *Marx critique du marxisme*, pp.290-298.

文集》中;《社会主义和公社》①,刊载于1972年澳大利亚国立大学出版社出版的《革命的范式?巴黎公社(1871—1971)》中;《19世纪非市场社会主义》②,刊载于1987年伦敦出版社出版的《19、20世纪非市场社会主义》论文集中。在这一系列的编译著作中,吕贝尔依据文献从社会主义与空想社会主义、巴黎公社和市场经济的关系角度论述马克思社会主义观,但其分析所得出的结论却是乌托邦的科学社会主义、巴黎公社不能成为社会主义的基础、非市场社会主义观等根本错误的观点,应受到批判。

一、吕贝尔的马克思社会主义观之批判(一)

吕贝尔关于马克思的社会主义与空想社会主义关系的错误看法,主要基于以下两方面分析。一方面,吕贝尔把马克思的社会主义看成是空想与科学的结合物。吕贝尔指出,恩格斯发

---

① Rubel."Socialism and the Commune", in *Paradigm for Revolution? The Paris Commune* 1871—1971. Ed. Eugene Kamenka. Canberra: Australian National University Press, 1972, pp.31-48. In French ("le Socialisme et la commune") in *Marx critique du marxisme*, pp.272-289.

② Rubel."Non-Market Socialism in the Nineteenth", in *Non-Market Socialism in the Nineteenth and Twentieth Centuries*. Ed. Maximilien Rubel and John Crump. London: Macmillan Press, 1987, pp.10-34.

明的"空想的"社会主义和"科学的"社会主义之间的区别，似乎没有准确对应于知识复杂性的真实情况，实际上"在那里幻想物与理性的、务实的反思成果并行蓬勃发展"①。另一方面，吕贝尔把马克思的社会主义看成是乌托邦与革命的有机结合。

吕贝尔对乌托邦与革命相统一的传统社会主义思想进行追本溯源。在吕贝尔看来，社会主义伦理和理论可回溯到18世纪英国工业革命时期。从一开始，社会主义的出现，伴随着新福音的特点，即世俗的解放和救赎的信息。工业时代早期的社会主义者或共产党人没有认为他们的理想与实行的实践手段不相一致。对他们来说，理性是达到预期的社会转型的手段；暴力，即非理性，也是手段。革命，起初被宣布为合法运动，被授权予"由人民，为人民"行动。这种趋势后来演变为改变社会革命的有组织战争。吕贝尔进一步指出，所谓的空想社会主义，回到了法国大革命之前的人文主义唯理论的传统。乌托邦者以理性和科学的名义打算改革社会。吕贝尔认为，马克思并没有废除乌托邦，相反，使它重新焕发活力并扩大其领域。对马克思来说，"乌托邦包含两个阶段的运动：革命和创立"②。

---

① Rubel. "Non-Market Socialism in the Nineteenth", in *Non-Market Socialism in the Nineteenth and Twentieth Centuries*. Ed. Maximilien Rubel and John Crump. London: Macmillan Press, 1987, p.12.

② 《吕贝尔马克思学文集》（上），曾枝盛编选，郑吉伟、曾枝盛等译，北京师范大学出版社2009年版，第54页。

吕贝尔发现，社会主义思想的核心部分有两个非常重要的概念，即乌托邦与革命。但是，19世纪直至20世纪第一次世界大战时，社会主义思想家的总体方法，就它们之间的相互关系很少进行研究。好像革命意味着摒弃或排除乌托邦，乌托邦意味着驱逐和否定革命。对于这种将乌托邦与革命相互分离独立的观点，吕贝尔指出："乌托邦与革命是社会主义运动的两个历史维度。为了实现，必须认为社会主义运动既是乌托邦又是革命。要成为社会主义者，必须同时是乌托邦者和革命者。"① 乌托邦和革命的道德规范，是社会主义人文主义的道德规范。在吕贝尔看来，马克思将实现社会主义的伦理假定与工人革命运动的内在结果联系起来，赋予了社会主义乌托邦合理的基础；马克思的价值正在于促使空想社会主义和革命运动相结合，给了社会主义一个科学的基础。

综上所述，吕贝尔所论述的马克思的社会主义是乌托邦的科学社会主义，是科学与空想的混合物，但乌托邦的、空想的成分还是占据主导地位，社会乌托邦是马克思"毕生事业的主要目标"②，同时在实现乌托邦社会主义的过程中赋予其革命因素，给予了一定的科学的、合理的基础。可以这样说，在吕贝尔看来，马克思实现社会主义运动途径中的实现方式是具有

---

① Rubel."Reflections on Utopia and Revolution", in *Socialist Humanism*: *an International Symposium*. Ed. Erich Fromm. New York: Doubleday, 1965, p.218.

② 《吕贝尔马克思学文集》（上），曾枝盛编选，郑吉伟、曾枝盛等译，北京师范大学出版社2009年版，第53页。

科学成分的，但最终目标还是乌托邦的。实际上，吕贝尔所言否定了马克思的科学社会主义学说。吕贝尔还在进一步分析马克思和恩格斯与"科学社会主义"关系时指出，恩格斯相信马克思使社会主义从乌托邦走向科学，马克思似乎不反对恩格斯的说法，但是马克思的观点是不同的。在吕贝尔看来，马克思只是希望给社会主义"科学的基础"，认为自己所得出的结论至多构成一门社会主义的科学，并不认为自己创立了一门新的"科学社会主义"，"科学社会主义"是恩格斯赋予马克思的"荣誉"。那么，事实是否真如吕贝尔所言呢？吕贝尔虽以一个严肃的研究者应有的态度进行详细的说理分析，但是他的结论是我们所不肯苟同的，必须加以批判。

关于吕贝尔论证科学社会主义理论是恩格斯创立的、马克思是乌托邦的科学社会主义观，这点可以轻而易举地从理论和事实论证来予以反驳。第一，科学社会主义是马克思恩格斯共同创立的思想。恩格斯的《社会主义从空想到科学的发展》是马克思主义关于科学社会主义的重要著作。马克思为此书写了法文版导言，在手稿中他给法文版译者拉法格的附言中写道：导言是在他和恩格斯商量以后写的，请保·拉法格"在词句上加以修饰，但是不要修改内容"。① 在导言中马克思还给予这本书高度的评价，把它誉为"科学社会主义的入门"。第二，马克思恩格斯建立了宣传和实践科学社会主义思想的组织。马

---

① 《马克思恩格斯全集》第19卷，人民出版社1963年版，第633页。

克思恩格斯于 1847 年 8 月底在布鲁塞尔建立了"德国工人共产主义俱乐部",目的是对侨居比利时的德国工人进行政治教育和向他们宣传共产主义思想。马克思恩格斯领导建立共产主义同盟,并直接参与制定同盟的纲领和组织原则,同盟的第二次代表大会一致通过了马克思和恩格斯制定的科学共产主义的原则,马克思恩格斯受大会委托起草了一个纲领性文件,即 1848 年发表的《共产党宣言》。这些足以说明,科学社会主义思想在马克思恩格斯共同参与下,经历了一个预备起草、策划制定和付诸实践的科学过程,是一门科学的理论。第三,马克思的社会主义经历了空想到科学的转变,理论到实践的应用。马克思的社会主义是从空想社会主义发展而来的,但从历史考察来看,马克思的社会主义观从根本上超越了空想社会主义,第一次找到了变革社会的力量即无产阶级,找到了实现社会主义的途径即无产阶级革命和无产阶级专政,实现了空想到科学的转变。巴黎公社是一次科学社会主义的实践。从 19 世纪 70 年代起,马克思社会主义理论科学性在实践的应用中得到进一步的验证、丰富和发展。马克思的社会主义是科学社会主义,不仅在国际共产主义运动中得以公认,而且在当代社会主义实践中得到新的证实。

二、吕贝尔的马克思社会主义观之批判（二）

吕贝尔是在 19 世纪背景下来讨论巴黎公社和社会主义关系问题的。在他看来，1871 年巴黎公社是建立一个新世界即社会主义社会的失败尝试，"必须在 1871 年人们理解的意义上来理解'社会主义'这个术语，不可以给它读入后来特别是 1917 年俄国革命之后获得的意义和内涵。""必须明白巴黎公社与俄国革命没有关系，而是关系到第二帝国的社会主义传统。""必须在 19 世纪人们所理解的术语方面来思考巴黎公社和社会主义"①。无论是"社会主义"这个词，还是由这个名称所理解的学说，都不是巴黎公社的发明。就公社是实际上或理论上的社会主义而言，它利用了特定的思想遗产，展示了特定思想影响的作用。

吕贝尔给出了马克思的社会主义概念是基于道德价值的错误判断。吕贝尔认为，要理解马克思对巴黎公社与社会主义关系之看法的态度，首先必须记住"马克思达到社会主义，不是

---

① Rubel."Socialism and the Commune", in *Paradigm for Revolution? The Paris Commune* 1871—1971. Ed. Eugene Kamenka. Canberra：Australian National University Press，1972, p.31.

通过科学思考方式，而是作为道德决定、价值判断的结果。"①就马克思价值判断、道德决定而言，吕贝尔分析其原因是：马克思开始研究政治经济学之前，已得出社会主义和工人阶级的运动。因此，马克思达到他的决定，不是以科学调查为基础，而是基于道德根据。马克思阅读了法国大革命和德国、法国乌托邦思想家的历史，形成了这种信念——现代社会遭受两个主要罪恶，即国家和货币。现代社会的这两个根本弊端是资本主义生产制度的必然后果。在国家和货币制度中，马克思发现了以科学技术为基础的现代文明的特殊条件的原因，他把这个条件称为人的异化。这个异化是衰退和剥夺的症状，不但表现在雇佣劳动者身上，而且表现在剥削者、资本家的身上。马克思发现了一种社会力量，正是它的使命使现代人类免受国家和货币之害。这种社会力量是现代雇佣劳动者、工人阶级、无产阶级。这样，马克思发现了现代无产阶级，发明了无产阶级的历史使命。由此，吕贝尔指出，无产阶级的历史使命既不是一个经济学概念，也不是一个社会学概念，而是一个道德概念。

吕贝尔给出了巴黎公社未能成为社会主义基础的错误论断。吕贝尔分析了巴黎公社不可能导致社会主义革命。主要基于两点原因：一是马克思学说中的乌托邦成分。1870 年 9 月 4

---

① Rubel."Socialism and the Commune", in *Paradigm for Revolution? The Paris Commune* 1871—1971. Ed. Eugene Kamenka. Canberra: Australian National University Press, 1972, p.43.

日共和国宣告成立后，当马克思在法国写普法战争的第二篇宣言时，正如1844年马克思很清楚西里西亚织工起义不是也不可能成为社会主义革命。吕贝尔认为，作为创造性的革命行动的后果，马克思是在文学想象中创造他期待希望的这些事件。当他把西里西亚织工的所作所为描述为理论上的自觉行为时，马克思依赖的不是统计社会学调查，而是根据海涅的"纺织工的歌曲"。二是工人阶级革命行动的时机不成熟。在吕贝尔看来，1871年法国工人阶级革命行动的经济和文化条件时机不成熟，虽公社宣告成立，但不能导致工人阶级革命胜利。吕贝尔进一步论证了巴黎公社不可能产生无产阶级专政。通过比较《法兰西内战》草稿、最终文本和导言，吕贝尔认为工人阶级国家的概念是列宁在最终版本中发明的，视公社为无产阶级专政的模式是恩格斯在1891年版《共产党宣言》中的功劳，而马克思从来没有使用过这些术语。无产阶级专政需要资本主义为其准备基础，而公社只是一个偶然的现象，没有改变法国社会的经济结构，也没有成功废除已建立的国家政治制度，不可能产生无产阶级专政国家，更不可能成为社会主义社会的基础。

由上可见，吕贝尔论述巴黎公社与社会主义的关系问题，得出巴黎公社不能导致工人阶级革命胜利、不可能产生无产阶级专政国家、更不可能成为社会主义社会的基础等观点，是极其错误的。我们仔细分析《法兰西内战》一系列文本以及社会主义运动实践，吕贝尔的观点存在很大疑问，应受到严厉批判。1871年3月18日，巴黎无产阶级举行了武装起义，宣布成立巴黎公社。马克思立即搜集和研究关于公社活动的资料，先后写成初稿、二稿，最后形成定稿《法兰西内战》。虽然巴黎公社只存在72天，但在这部著作里马克思总结了公社的经验教训，进一步发展了马克思主义关于无产阶级革命和国家、关于无产阶级专政的学说。马克思早在1848—1849年革命时已经作出无产阶级将在未来革命中起决定作用的结论，公社的经验证明了这个结论，"这是使工人阶级作为唯一具有社会首创能力的阶级得到公开承认的第一次革命。"① 马克思从无产阶级革命中看到了无产阶级专政的新型国家的萌芽。他写道，公社"实质上是工人阶级的政府，是生产者阶级同占有者阶级斗争的产物，是终于发现的可以使劳动在经济上获得解放的政治形式"②。后来恩格斯在撰写的导言中也这样写道："你们想知道无产阶级专政是什么样子吗？请看巴黎公社。这就是无产阶级专政。"③ 这些引证都有力地反驳了吕贝尔所认为的巴黎公社象征着国家的否定、工人阶级政府和无产阶级专政是列宁和恩格斯创造的神话。巴黎公社革命是法国特定历史环境下的产物，但绝不是一次偶发的事件，有其历史必然性。巴黎公社革命是无产阶级革命运动史上新的里程碑，虽在资产阶级血腥

---

① 《马克思恩格斯选集》第3卷，人民出版社1995年版，第61页。
② 《马克思恩格斯选集》第3卷，人民出版社1995年版，第59页。
③ 《马克思恩格斯选集》第3卷，人民出版社1995年版，第13—14页。

镇压下失败了，但"公社的原则是永存的，是消灭不了的"①。巴黎公社的曙光照耀着世界，社会主义取代资本主义的大趋势展现出壮阔的图景。俄国无产阶级在列宁为首的布尔什维克党领导下，成功地在资本主义包围的一国范围内建立了社会主义制度。又过了30多年，在亚欧大陆涌现出包括中国在内的一批社会主义国家，社会主义制度从一国扩展到多国。巴黎公社造就了第一个新型的无产阶级国家政权的雏形，在建立无产阶级专政方面进行了第一次可贵的尝试，积累了可供后人借鉴的经验。而无产阶级专政表明社会主义国家的阶级本质，它是社会主义的基本特征之一。因此，建立了人类历史上第一个无产阶级政权——巴黎公社，可看作新社会的先驱，这也充分驳斥了吕贝尔所谓的巴黎公社不可能成为社会主义基础的谬论。

三、吕贝尔的马克思社会主义观之批判（三）

关于马克思的社会主义与市场经济的关系，吕贝尔创造了一个新词，将马克思的社会主义概念指定为"非市场社会主义"。吕贝尔甚至直接指出，"从理论上讲，马克思的社会主义观与否定市场经济相等同，而相比之下，马克思之前和之后的

---

① 《马克思恩格斯全集》第17卷，人民出版社1963年版，第677页。

其他社会主义学说，以变化的方式保存了资本主义生产和分配方式的某些方面"，"在所有 19 世纪的社会改革者中，马克思显得是'非市场社会主义'最始终如一的理论家"。① 吕贝尔提出马克思的"非市场社会主义"概念，实质上否定了马克思社会主义观中的"市场经济"因素。吕贝尔还通过分析《共产党宣言》中社会主义和共产主义文献篇章，认为其展现了"非市场社会主义"基本内容，即通过批评反动的社会主义与旧的生产资料和交换手段及旧的所有制关系仍有依附关系，批判资产阶级改良主义，采用社会主义乌托邦积极主张，最终目的是达到否定市场经济。吕贝尔否认把基于"苏维埃"模型的这种体制解释为"市场社会主义"的准确性或有用性，相反，倾向于描绘非苏维埃俄国的生产模式为非市场资本主义，甚至主张，所谓的社会主义计划，其实计划的不是丰富的商品而是缺乏。② 吕贝尔认为，与这种名义上的社会主义政治经济体制相联系，"与其说是'市场'的存在，授权拒绝'市场社会主

---

① Rubel. "Non-Market Socialism in the Nineteenth", in *Non-Market Socialism in the Nineteenth and Twentieth Centuries*. Ed. Maximilien Rubel and John Crump. London: Macmillan Press, 1987, pp.12–13.

② Rubel. "Non-Market Socialism in the Nineteenth", in *Non-Market Socialism in the Nineteenth and Twentieth Centuries*. Ed. Maximilien Rubel and John Crump. London: Macmillan Press, 1987, p.26.

义',还不如说非社会主义迫使去寻找一个新的名词加以区别。"①

上述就社会主义与市场经济的关系,吕贝尔把俄国的社会主义定位于非市场资本主义或国家计划资本主义,并为了与他所称谓的这种名义上的社会主义政治经济体制相区别,通过对《共产党宣言》篇章中社会主义文献的批判分析,把马克思社会主义观定位为"非市场社会主义"。实际上,在吕贝尔看来,市场不属于社会主义的范畴,真正的社会主义是一种市场的缺乏,是对市场经济的否定。今天的中国社会主义实践证明,吕贝尔的观点是具有片面性的,甚至是极其错误的,应受到大力批判。若要说吕贝尔的思想有其合理性的一面,最多只能从社会主义终极意义上来理解,但社会主义实现过程所处的发展阶段,特别是处于过渡阶段的社会主义初级阶段是允许市场存在的。社会主义的实现有一个发展进程。马克思所讲的社会主义,是已经经历了从资本主义到社会主义的过渡时期的。马克思没有使用过"社会主义市场经济"这个术语,他的社会主义理论中也没有市场经济的地位,但是马克思不是完全否认在通往社会主义的过渡时期存在商品生产,因此,对于还处于过渡时期的初级阶段社会主义,重视商品生产、发展市场经济,是

---

① Rubel."Non-Market Socialism in the Nineteenth", in *Non-Market Socialism in the Nineteenth and Twentieth Centuries*. Ed. Maximilien Rubel and John Crump. London: Macmillan Press, 1987, p.29.

它的应有之义。在《共产党宣言》中,马克思就过渡时期对所有权和资产阶级生产关系实行强制性的干涉措施,列举了如"征收高额累进税""把信贷集中在国家手里",这很好地证明了过渡时期可利用与市场有关的商品货币关系的例证。事实上,马克思是以世界市场为起点阐述社会主义理论的。在"经济学"计划五篇构想和六册结构中,马克思把世界市场作为分析资本主义学说的归宿,当社会历史进程从资本主义走向社会主义时,研究资本主义经济关系的逻辑结束点也就成了研究社会主义经济关系的起始点。

结　语

本书关于吕贝尔马克思学的研究，可以从以下五个方面作出结论性的分析：

第一，国内外吕贝尔马克思学研究存在两种对立观点。关于吕贝尔马克思学研究，西方马克思学家一般持赞同看法，吕贝尔编译的马克思著作等成了最重要的参考资料和研究工具。苏联及东欧学者一般持否定态度，认为是资产阶级意识形态表现，是反马克思主义的。受苏联影响，20世纪80年代，国内学界开始译介引入吕贝尔马克思学时几乎持完全否定的大批判态度。21世纪以来学界开始反思吕贝尔马克思学存在肯定的方面。总的来说，近四十年，国内吕贝尔马克思学研究有一些成果，但尚未达到真正的深入研究。

第二，掌握新资料并用新方式进行吕贝尔马克思学研究。在综合国内外研究成果、直接研读吕贝尔文本的外文资料基础上，本书进行分析研究后认为，要认真借鉴吕贝尔马克思学文献学研究成果，扬弃批判其意识形态方面，具体分析其学术观点。即坚持具体分析的科学态度，从两个层面进行研究：在意识形态层面，决不盲目跟从吕贝尔的研究，应采取扬弃批判的态度；在学术研究层面，不应忽视其成果，对具体观点具体分析。对吕贝尔提出的不同于我们的观点，不应当简单地否定了事，而应该作相应的深入研究，开展积极的学术对话。

第三，吕贝尔文献学研究的新成果。吕贝尔马克思学产生过重要影响的、得到最多肯定评价的，是他编辑的一系列文献工具书。通过对吕贝尔编译著作文本的分析研究，吕贝尔的主要文献学贡献至少包括：一是编辑了第一份马克思著作目录二册和马克思著作文集四卷本。著作目录二册成了西方学者们研究的重要参考工具，奠定了吕贝尔在西方马克思研究学界的重要历史地位。编译的马克思著作文集四卷本，可考察马克思经济学、哲学和政治学的文本体系。吕贝尔成了与梁赞诺夫齐名的"20世纪最伟大的马克思编辑者之一"。二是改变了马克思著作受苏联意识形态编辑的长期垄断。吕贝尔指责苏联编的马克思著作集进行了"净化"处理，重新编辑出版了"真正反映马克思本来面目"的著作集四卷本。这套著作集在西方马克思学界很受欢迎，被称为"马克思全部手稿最后发表之前给专家和严肃研究者提供向导的版本"。三是提供了马克思生平和著作的传记式研究。四卷本的每一卷以序言、导言和注释的形式包含着大量详细的、博学的马克思生活和作品的评论。四是体现了《资本论》创作过程的复杂性，提供了可与恩格斯《资本论》比较的版本。经济学两卷本不仅以《资本论》三卷的编排为重点，也编排了《资本论》第一卷出版之前为《资本论》写作发表作准备的经济学文本和马克思晚年继续研究的少量经济学文本，体现了《资本论》丰富的文本系列及创作的复杂长期过程。吕贝尔认为恩格斯对《资本论》的编辑进行了"修订"，依据自己的编辑体系重新编辑了《资本论》三卷。

第四，吕贝尔基本理论上值得借鉴与不足方面。采取实事求是、具体分析的科学态度和方法，对吕贝尔马克思学的学术理论观点进行以下研究评析：首先，吕贝尔强调了马克思思想来源的多方位、多角度，但是并未作展开论述，主要还是局限于三个来源，而黑格尔又是重中之重，最终表现为马克思是反黑格尔哲学家，尤其是黑格尔政治理论和历史哲学的反对者。其次，吕贝尔关于马克思思想发展历程的梳理分析是，从1843年开始马克思离开黑格尔哲学，向政治经济学方向转移，1844年马克思开始了政治经济学的批判研究。吕贝尔论述马克思思想从哲学走向政治经济学，从某个时间段的大体趋势来说，有其合理的方面，但是在马克思思想中哲学、政治经济学是难以独立分开的，只是在某个时间段或某个文本中有个主次地位问题。再次，吕贝尔关于马克思哲学思想更多的是论马克思与黑格尔的关系之说。值得肯定的是注意到它们之间的渊源关系，具体表现为历史发展观、异化观和辩证法。但是不能认同吕贝尔的某些有失偏颇的反黑格尔的观点，如：1843年标志着与黑格尔哲学某种类型的最后全面清算，未提及1844年手稿中具有哲学意义的"黑格尔辩证法的批判"章节，1847年之后马克思放弃了黑格尔哲学。复次，吕贝尔关于马克思经济学"六册计划"创作结构自1859年提出后并未发生变化的观点，是值得认同的，但是借此否认马克思"经济学"基本思想的发展变化甚至是《资本论》创作过程中的思想发展，未能考虑马克思回应客观政治或经济发展的思想发展变化，削弱了马克思理论的深度。最后，吕贝尔关于马克思政治哲学中的民主观和社会主义观思想。吕贝尔提出斯宾诺莎民主观是马克思政治哲学的重要理论来源，马克思民主观的连续性，把马克思共产主义解释为人文主义，但是没有具体分析马克思民主观与时代社会大环境的民主气氛紧密相关性，未论证马克思早期自由主义民主观念如何与后来成为社会主义者和共产主义者时民主观念的相融合及更高层次具体含义，未考虑马克思思想经历了从人道的向科学的共产主义的根本转变。吕贝尔关于马克思社会主义文献的研究分析，提出了马克思社会主义观问题的三个关系，即马克思的社会主义与空想社会主义、巴黎公社和市场经济。此问题的提出有深层意义，但他的诸如马克思的社会主义是乌托邦的社会主义、否定市场经济及巴黎公社不能成为社会主义的基础等基本观点是不能苟同的。批判扬弃吕贝尔马克思学关于马克思主义理论的错误观点，汲取其合理因素，深化马克思主义研究，是研究吕贝尔马克思学的目的所在。

第五，吕贝尔马克思学问题对当前马克思主义研究的启示意义。从吕贝尔马克思学研究所持的观点和结论看，它不是马克思主义，但这并不完全否定排斥吕贝尔马克思学研究中提出的问题。通过挖掘，深入研究思考吕贝尔马克思学，可以回应学界的一些挑战性问题，有助于深化对马克思主义的理解和研究，因而它是有启发性的。其一，马克思学的理解问题。吕贝尔创立马克思学是由于对当时马克思主义者研究马克思思想现状的不满，试图重新发现马克思。吕贝尔马克思学是针对马克思主义者对马克思思想研究的理解解释提出的，是从马克思主义研究出发转向马克思甚至恩格斯生平、事业、著作和思想的研究，直至观照到马克思主义的整体研究，以至于达到什么是马克思的真正思想、什么是真正的马克思主义。吕贝尔开创的西方马克思学研究路径，对当前如何正确理解马克思学有重要的启示性。其二，马克思恩格斯对立的方法论理解。"马克思恩格斯对立论"是吕贝尔乃至西方马克思学的标志性观点。吕贝尔从文献文本研究出发，从马克思恩格斯与马克思主义、科学社会主义和《资本论》第一、二、三卷的版本编辑比较的关系角度，得出马克思与恩格斯关系分歧的结论。吕贝尔所提出的马克思与恩格斯对立的思想观点是错误的，马克思恩格斯在马克思主义的根本立场与观点上是一致的。实质上，"马克思恩格斯对立论"错误的方法论基础，是要把马克思思想体系与马克思主义科学体系的意义分割开来，从根本上否定马克思主义，这是应值得警惕的。但另一方面，有助于发现马克思恩格斯思想观点认识上的差异，实际上也有利于深化对马克思主义具体思想内涵的理解。其三，马克思文本研究方法的理解。我们扬弃批判吕贝尔马克思学的某些观点和结论，但它所标榜的学术上客观中立的研究态度和方法，从客观上来说是值得借鉴的。强调马克思文本研究，宗旨是文献的客观研究，这也是马克思主义研究的基础性工作，关系到马克思思想和马克思主义能否得到正确的理解。针对国内马克思文本研究未能引起应有的足够重视，把马克思文本研究定位于马克思主义研究的基础，开展马克思文本甚至马克思主义文献研究具有重要的意义，有助于推动深化马克思主义研究。无论是思想研究或问题研究，离不开文献事实资料的支撑前提，必须以马克思文本研究为基础，才能作出深入系统开掘，提出新思想观点，作为解决现实问题的源头活水。然而，重视马克思文本研究并不能经院化、离开社会现实，相反，要紧扣社会现实问题，通过对马克思文本深入研究开掘，返本开新，为当前所面临的现实问题做好基础性的理论铺垫工作。总的来说，应强调重视马克思文本研究，也应注意文本研究、思想研究和现实问题研究的相互结合、观照、互动。以马克思文本解读为根基、以现实需求为目的，共同推进中国马克思主义建设与研究。

参考文献

一、中文

（一）著作

《马克思恩格斯全集》第 2、13、17、19、20、22、23、25、29、30、31、32、37 卷，人民出版社 1957、1962、1963、1963、1971、1965、1972、1974、1972、1974、1972、1974、1971 年版。

《马克思恩格斯全集》第 1、3、44、45、46 卷，人民出版社 1995、2002、2001、2003、2003 年版。

《马克思恩格斯选集》第 1—3 卷，人民出版社 1995 年版。

《马克思恩格斯〈资本论〉书信集》，人民出版社 1976 年版。

《列宁选集》第 2 卷，人民出版社 1995 年版。

新华通讯社译名室编：《法语姓名译名手册》，商务印书馆

1996 年版。

新华通讯社译名室编：《德语姓名译名手册》，商务印书馆 1999 年版。

潘再平主编：《新德汉词典》，上海译文出版社 2000 年版。

新华通讯社译名室编：《英语姓名译名手册》，商务印书馆 2004 年版。

［荷兰］斯宾诺莎：《神学政治论》，温锡增译，商务印书馆 1963 年版。

［苏］弗·阿多拉茨基主编：《马克思生平事业年表》，生活·读书·新知三联书店 1977 年版。

［苏］泰·伊·奥伊则尔曼：《马克思的〈经济学——哲学手稿〉及其解释》，刘丕坤译，人民出版社 1981 年版。

陈征、严正编：《〈资本论〉创作史研究》，福建人民出版社 1983 年版。

孙伯鍨、曹幼华等：《西方"马克思学"》，江苏人民出版社 1992 年版。

黄楠森等主编：《马克思主义哲学史》第八卷，北京出版社 1996 年版。

［美］约瑟夫·熊彼特：《资本主义、社会主义与民主主义》，绛枫译，商务印书馆 1979 年版。

［英］卡尔·波普尔：《开放社会及其敌人》第 2 卷，郑一明等译，中国社会科学出版社 1999 年版。

顾海良：《马克思经济思想的当代视界》，经济科学出版社

2005年版。

聂锦芳:《清理与超越——重读马克思文本的意旨、基础与方法》,北京大学出版社2005年版。

王东:《马克思学新奠基——马克思哲学新解读的方法论导言》,北京大学出版社2006年版。

鲁克俭:《国外马克思学研究的热点问题》,中央编译出版社2006年版。

《吕贝尔马克思学文集》(上),曾枝盛编选,郑吉伟、曾枝盛等译,北京师范大学出版社2009年版。

(二)论文

易克信:《西方马克思学家若干言论剖析——他们是怎样看待无产阶级革命学说的》,载《国外社会科学》,1981年第3期。

杜章智:《M.吕贝尔和他的"马克思学"》,载《国外社会科学动态》,1982年第9期。

杜章智:《一个反马克思主义的"马克思学家"——马·吕贝尔》,载《马列主义研究资料》,1982年第5辑。

[法]M.吕贝尔:《恩格斯是〈资本论〉的校订人》,夏伯铭译,魏寿山校,载《国外社会科学文摘》,1983年第2期。

[法]M.吕贝尔:《卡尔·马克思》,易克信译,载《马列主义研究资料》,1984年第4辑。

[法]M.吕贝尔:《恩格斯是马克思主义的创始人》,莫立

知译,载《马列主义研究资料》,1986年第1—2辑合刊。

顾海良:《西方学者对〈资本论〉结构形成的研究》,载《国外社会科学》,1986年第9期。

余其铨:《评西方学者对恩格斯哲学思想的批评》,载《内蒙古社会科学(汉文版)》,1987年第3期。

顾海良:《吕贝尔对〈资本论〉结构形成的研究》,载《马克思恩格斯研究》,1992年第8期。

任瞠:《论恩格斯晚年对社会历史理论的新探索——兼驳"马恩对立论"》,载《江淮论坛》,1995年第6期。

曾枝盛:《"神话"的神话——吕贝尔"反恩格斯提纲"批判》,载《马克思主义来源研究论丛》,第18辑。

曾枝盛:《用马克思反对马克思主义——评所谓马克思恩格斯"对立"论》,载《真理的追求》,1995年第10期。

郁建兴:《马克思与自由主义民主》,载《哲学研究》,2002年第3期。

金海民、丰子义、聂锦芳:《马克思文本研究的历史与现状、意义与方法》,载《哲学动态》,2003年第4期。

顾海良:《高度关注国外理论动态》,载《国外理论动态》,2006年第4期。

俞可平:《马克思论民主的一般概念、普遍价值和共同形式》,载《马克思主义与现实》,2007年第3期。

曾枝盛:《重建马克思学——〈吕贝尔马克思学文集〉导言》,载《马克思主义与现实》,2007年第1期。

鲁克俭：《国外马克思学概况及对中国马克思学研究的启示》，载《马克思主义与现实》，2007 年第 1 期。

王东：《为什么要创建中国马克思学迎接 21 世纪马克思学的第三次来潮》，载《马克思主义与现实》，2007 年第 3 期。

王东、赵玉兰：《"马克思学"一词源流的新发现》，载《吉林大学社会科学学报》，2007 年第 6 期。

王东、郭丽兰：《马克思民主观的发展轨迹》，载《马克思主义与现实》，2008 年第 1 期。

梁树发：《西方马克思学与国外马克思主义研究学科建设》，载《马克思主义与现实》，2008 年第 1 期。

王东、吴敏燕：《吕贝尔的马克思学：反思与创新》，载《马克思主义与现实》，2009 年第 5 期。

吴敏燕：《吕贝尔的马克思民主观评析》，载《江汉论坛》，2010 年第 2 期。

孙继红：《吕贝尔"马克思主义是 20 世纪的神话"论的错误》，载《社科纵横》，2011 年第 10 期。

吴敏燕：《吕贝尔的马克思哲学观》，载《北京行政学院学报》，2014 年第 5 期。

刘冰菁：《从"吕贝尔之争"走向"马克思学"之声——当代法国"马克思学"研究的批判性回顾与展望》，载《福建论坛·人文社会科学版》，2018 年第 10 期。

刘金昌：《吕贝尔马克思学"三大观点"评析》，中国人民大学 2008 年硕士论文。

胡寅寅：《"最伟大的社会乌托邦主义者"——吕贝尔的马克思学思想研究》，黑龙江大学 2011 年硕士论文。

二、外文
（一）著作

Karl Marx. Oeuvres I. Économie Vol. I. édition établie et annotée par Maximilien Rubel, 1965.

Karl Marx. Oeuvres II. Economie Vol. II. édition établie et annotée par Maximilien Rubel, 1968.

Karl Marx. Oeuvres III. Philosophie. édition établie, présentée et annotée par Maximilien Rubel, 1982.

Karl Marx. Philosophie. édition établie et annotée par Maximilien Rubel, 1982.

Karl Marx. Oeuvres IV. Politique I. édition établie, présentée et annotée par Maximilien Rubel, 1994.

Bibliographie des oeuvres de Karl Marx. Avec en appendice un répertoire des oeuvres de F. Engels. Paris：M. Rivière, 1956.

Karl Marx. Essai de biographie intellectuelle. Paris：M. Rivière, 1957. 2d ed. revised and corrected, 1971.

Supplément à la Bibliographie des oeuvres de Karl Marx. Paris：M. Rivière, 1960.

Karl Marx. *Selected Writings in Sociology and Social Philosophy.* Ed. with intro. and notes by T. B. Bottomore and Maximilien Rubel. London：Watts,1961.

Rubel, Maximilien. *Pages de Karl Marx pour une éthique socialiste*：1. Sociologie critique. 2.Révolution et socialisme. Choisies, traduites et présentées par Maximilien Rubel. [monograph] Paris：Petit Bibliothèque Payot,1970.

Karl Marx and Friedrich Engels, *Die russische Kommune. Kritik eines Mythos*, Ed. by M. Rubel,Munich：Cari Hanser Verlag,1972.

Marx critique du marxisme. Essais. Paris：Payot, 1974. (451 pp.) [This collection contains the articles noted below, together with a forty-page postscript written especially for the volume.]

Rubel,M. and M. Manale.*Marx without Myth*：*A Chronological Study of His Life and Work.* Basil Blackwell,Oxford and Harper & Row,New York,1975. [English version of the "*Chronologie de Marx*" in Karl.Marx. Oeuvres.Economie Vol. 1.]

Maximilien Rubel. *Marx Life and Works.* Translated by Mary Bottomore.Macmillan Press LTD ,London and Basingstoke,1980.

Rubel on Karl Marx：*Five Essays.* Edited and translated by Joseph O'Malley and Keith Algozin. Cambridge University Press,New York,1981.

（二）论文

Maximilien Rubel."De la philosophie à l'économie politique". *Etudes de marxologie*,No.11(June 1967).

Author(s)of Review：Reinhard Bendix. "Reviewed Work(s)：

Karl Marx: Selected Writings in Sociology and Social Philosophy." by T. H. Bottomore; Maximilien Rubel. *The American Journal of Sociology*, Vol. 62, No. 4 (Jan., 1957).

Author(s) of Review: Helmut Hirsch. "Reviewed Work(s): Bibliographie des oeuvres de Karl Marx, avec en appendice un répertoire des oeuvres de Friedrich Engels" by Maximilien Rubel. *The Journal of Modern History*, Vol. 29, No. 1 (Mar., 1957).

Author(s) of Review: Gordon A. Marker. "Reviewed Work(s): Bibliographie des œuvres de Karl Marx by Maximilien Rubel and Supplément à la Bibliographie des œuvres de Karl Marx" by Maximilien Rubel. *The Journal of Political Economy*, Vol. 69, No. 4 (Aug., 1961).

Rubel. "Notes on Marx's Conception of Democracy". *New Politics* I, No. 2 (1962).

Rubel. "Reflections on Utopia and Revolution", in *Socialist Humanism: an International Symposium*. Ed. Erich Fromm. New York: Doubleday, 1965, pp.192-199. In French ("Utopie et revolution") in *Marx critique du marxisme*, pp. 290-298.

Rubel. "Marx and American Democracy", in *Marx and the Western World*. Ed. N. Lobkowicz. Notre Dame, Ind.: Notre Dame University Press, 1967.

Rubel. "Karl Marx", in *International Encyclopedia of Social Sciences*. New York: Macmillan and The Free Press, 1968. Vol.10.

Rubel."Socialism and the Commune", in *Paradigm for Revolution? The Paris Commune* 1871–1971. Ed. Eugene Kamenka. Canberra: Australian National University Press, 1972, pp. 31–48. In French ("*le Socialisme et la commune*") in *Marx critique du marxisme*, pp. 272–289.

Bongiovanni, B. "Maximilien Rubel". *Telos* 47(1981).

Author(s) of Review: Curtis Stokes. "Reviewed Work(s): Rubel on Karl Marx: Five Essays" by Joseph O'Malley, Keith Algozin. *The American Political Science Review*, Vol. 77, No. 4 (Dec., 1983)

Rubel."Non-Market Socialism in the Nineteenth", in *Non-Market Socialism in the Nineteenth and Twentieth Centuries*. Ed. Maximilien Rubel and John Crump. London: Macmillan Press, 1987.

Goldfield, M."Review of Rubel on Karl Marx". *Insurgent Sociologist* 13, No.3(1986).

Anderson, K. "Rubel's Marxology: A Critique". *Capital & Class* 47(1992).

Ollman, B. "Review of Rubel's Marx, Oeuvres IV". *MEGA-Studien* 2(1995).

Anderson, Kevin. "Maximilien Rubel, 1905–1996, Libertarian Marx Editor". *Capital & Class* 62(1997).

附录一

《资本论》第二卷恩格斯版与吕贝尔七星版的篇章对照表①

弗·恩格斯版	七星版
序　言（弗·恩格斯）	导　言（卡尔·马克思）
第一篇　资本形态变化及其循环	第一篇　资本的循环运动
第一章　货币资本的循环	第一章　资本的形态变化：货币资本、生产资本、商品资本
第二章　生产资本的循环	（合并恩格斯版的第一、二、三章）
第三章　商品资本的循环	
第四章　流通过程的三种形式	

---

① 这份列表译自：Karl Marx. Oeuvres II. Economie Vol. II. édition établie et annotée par Maximilien Rubel, 1968, pp.503-504.

第五章　流通时间	第二章　流通过程的三种形式
第六章　流通费用	第三章　流通时间
	第四章　流通费用
第二篇　资本周转	第二篇　资本周转
第七章　周转时间和周转次数	导　言　周转的概念
第八章　固定资本和流动资本	第五章　固定资本和流动资本
第九章　预付资本的总周转。周转的周期	第六章　周转的周期。危机
第十章　关于固定资本和流动资本的理论。重农学派和亚当·斯密	第七章　关于固定资本和流动资本理论的批判意见（合并恩格斯版的第十、十一章）
第十一章　关于固定资本和流动资本的理论。李嘉图	第八章　生产行为持续时间的差异
第十二章　劳动期间	（合并恩格斯版的第十二、十三、十四章）
第十三章　生产时间	
第十四章　流通时间	第九章　在资本发展上周转差异的影响
第十五章　周转时间对预付资本量的影响	第十章　可变资本的周转
第十六章　可变资本的周转	第十一章　剩余价值的流通
第十七章　剩余价值的流通	

第三篇　社会总资本的再生产和流通	第三篇　流通和再生产过程的现实条件
第十八章　导言	导　言　Ⅰ.研究的对象 　　　　Ⅱ.前人的学说
第十九章　前人的学说	（合并恩格斯版的第十八、十九章）
第二十章　简单再生产	第十二章　简单规模再生产（不包括货币流通）
第二十一章　积累和扩大再生产	第十三章　积累和扩大规模再生产

附录二

《资本论》第三卷恩格斯版与吕贝尔七星版对照表[1]

弗·恩格斯版	七星版
序　言（弗·恩格斯）	序　言（卡尔·马克思）
第一篇　剩余价值转化为利润和剩余价值率转化为利润率	第一篇　剩余价值转化为利润
第一章　成本价格和利润	第一章　成本价格和利润
第二章　利润率	第二章　利润率和剩余价值率的关系

---

[1] 这份列表译自：Karl Marx. Oeuvres II. Economie Vol. II. édition établie et annotée par Maximilien Rubel, 1968, pp.869-873.

第三章	利润率和剩余价值率的关系	第三章	不变资本使用上的节约
第四章	周转对利润率的影响		
第五章	不变资本使用上的节约	第四章	价格变动的影响
第六章	价格变动的影响		
第七章	补充说明		
第二篇	利润转化为平均利润	第二篇	利润转化为平均利润
第八章	不同生产部门的资本的不同构成：利润率的差别	第五章	资本的有机构成和它对利润率的影响
第九章	一般利润率（平均利润率）的形成和商品价值转化为生产价格	第六章	一般利润率（平均利润率）的形成和商品价值转化为生产价格
第十章	一般利润率通过竞争而平均化。市场价格和市场价值。超额利润	第七章	一般利润率通过竞争而平均化市场价格和市场价值。超额利润
第十一章	工资的一般变动对生产价格的影响	第八章	补充意见（合并恩格斯版的第十一、二章）
第十二章	补充说明		

第三篇	利润率趋向下降的规律	第三篇	利润率趋向下降的规律
第十三章	规律的定义	第九章	规律的定义
第十四章	反作用的影响	第十章	反作用的影响
第十五章	规律的内部矛盾的展开	结　论	规律的内部矛盾
第四篇	商品资本和货币资本转化为商业资本和金融资本（商人资本）	第四篇	商人资本
第十六章	商业资本		
第十七章	商业利润	第十一章	Ⅰ.商业资本
第十八章	商人资本的周转。价格		Ⅱ.商业利润和它的特点
			Ⅲ.商人资本的周转和价格
		（合并恩格斯版的第十六、十七、十八章）	
第十九章	金融资本	第十二章	金融资本
第二十章	关于商人资本的历史考察	第十三章	关于商人资本的历史考察

第五篇　利润分为利息和企业主收入。生息资本	第五篇　生息资本
第二十一章　生息资本	第十四章　资本和利息
第二十二章　利润的分割。利息率。"自然"利息率	第十五章　利润的分割（合并恩格斯版的第二十二、二十三、二十四章）
第二十三章　利息和企业主收入	第十六章　信用（合并恩格斯版的第二十五、二十六、二十七章）
第二十四章　生息资本的拜物教	
第二十五章　信用和虚拟资本	
第二十六章　货币资本的积累，它对利息率的影响	
第二十七章　信用在资本主义生产中的作用	第十七章　货币资本的积累和危机
第二十八章　流通手段和资本。图克和富拉顿的见解	（合并恩格斯版的第二十八至三十二章）
第二十九章　银行资本的组成部分	
第三十章　货币资本。现实资	

	本 I
第三十一章	货币资本。现实资本 II
第三十二章	货币资本。现实资本 III
第三十三章	信用制度下的流通手段
第三十四章	"通货原理"和1844年英国的银行立法
第三十五章	贵金属和汇兑率
第三十六章	关于前资本主义高利贷的意见

第十八章　流通、信用和交换（合并恩格斯版的第三十三至三十五章）

第十九章　关于前资本主义高利贷的意见

第六篇	超额利润转化为地租
第三十七章	初步意见
第三十八章	级差地租：概论
第三十九章	级差地租的第一形式（I）
第四十章	级差地租的第二形式（II）
第四十一章	级差地租 II——第一种情况：生

第六篇　超额利润转化为地租

第二十章　初步意见

第二十一章　级差地租（合并恩格斯版的第三十八至四十四章）

	产价格不变
第四十二章	级差地租Ⅱ——第二种情况：生产价格下降
第四十三章	级差地租Ⅱ——第三种情况：生产价格上涨结论
第四十四章	最坏耕地也有级差地租
第四十五章	绝对地租
第四十六章	建筑地段的地租。矿山地租。土地价格
第四十七章	资本主义地租的起源

第二十二章	绝对地租
第二十三章	土地价格
第二十四章	资本主义地租的起源

第七篇　各种收入及其源泉

第四十八章	三位一体的公式
第四十九章	关于生产过程的分析
第五十章	竞争的假象/竞争和幻象

第七篇　各种收入及其源泉

第二十五章	三位一体的公式

第五十一章	分配关系和生产关系/条件	第二十六章	关于生产过程的分析
第五十二章	阶级	第二十七章	竞争的假象/竞争和幻象
		第二十八章	分配关系和生产关系/条件

片段：阶级。结束的方式